Udo Botzenhart

Süddeutsche
Verlagsgesellschaft
Ulm

Udo Botzenhart

Barbara Schäuffelen
Wolf-D. Hepach
Hans-Uli Thierer

Michael Wettengel

Verlag
Süddeutsche Verlagsgesellschaft Ulm
im Jan Thorbecke Verlag

ISBN 978-3-88294-400-6

Gesamtherstellung
Süddeutsche Verlagsgesellschaft mbH Ulm

Konzeption / Gestaltung:
designbüromaus / Tabea Liebler

Bildnachweis
Stadtarchiv Ulm
Südwest-Presse-Archiv
Ulmer Forum
Privatarchiv Udo Botzenhart

Inhalt

Vorwort
Michael Wettengel

1 Familie, Firma und Vereine
Barbara Schäuffelen

Kindheit und Jugend	10
Geschäftliche Erfolge	20
Rückhalt in der Familie	25
Vereinsleben	31
Bürgerschaftliches Engagement	38
Söflingen – eine ganz besondere Heimat	42

2 „Herrscher will und muss der Bürger sein" – Der engagierte Kommunalpolitiker
Wolf-D. Hepach

Die Aufbaujahre	52
Hans Lorenser und Udo Botzenhart	64
Von Ernst Ludwig zu Ivo Gönner	84

3 Das Phänomen Botzenhart
Hans-Uli Thierer

„Söflinger mit Blick für das Ganze": Ein Gespräch mit Oberbürgermeister Ivo Gönner	104
Das Besondere ist das Normale	109
Epilog: Einer von uns	126

Zum Buch
Michael Wettengel

Vorwort

Udo Botzenhart war einmal unfreiwilliger Zeuge eines Bankraubs in Söflingen, der dann Gott sei Dank glimpflich endete.

Als er, noch etwas mitgenommen, dies zu Hause seiner Frau berichtete, kommentierte sie trocken:
„Du musst auch überall dabei sein".

Treffender könnte der Auftakt zu dem vorliegenden Buch nicht sein. Als markante und originelle Persönlichkeit hat Udo Botzenhart die Ulmer Nachkriegsgeschichte und die weitere Entwicklung bis heute geprägt, ohne dabei sein geliebtes Söflingen zu vergessen. Von 1956 bis 1999 gehörte der versierte Kommunalpolitiker (mit einer Unterbrechung von drei Jahren) dem Ulmer Gemeinderat an, 30 Jahre davon als ideenreicher und agiler Fraktionsvorsitzender der Freien Wählergemeinschaft. Damit nicht genug, war er als erfolgreicher Geschäftsmann und als Vorstand oder Mitglied vieler Gesellschaften und Vereine sowohl ein Mann der Wirtschaft als auch der Wirtschaften, in der Industrie- und Handelskammer ebenso präsent wie an manchem Stammtisch. All dies war Anlass genug, Rückschau zu halten.

Drei Autoren, die der Stadt Ulm und Udo Botzenhart verbunden sind, haben dies unternommen. Barbara Schäuffelen berichtet über die Familie, die Verwurzelung in Söflingen und die Vereinsaktivitäten. Besonders natürlich im Blick auf die TSG Söflingen, die Stadtkapelle und die Gründung der Ulmer Knabenmusik, heute Junge Bläserphilharmonie Ulm. Wolf-Dieter Hepach blickt auf die lange kommunalpolitische Tätigkeit zurück, die in Udo Botzenharts Leben einen ganz besonderen Stellenwert eingenommen hat. Hans-Uli Thierer schließlich zeichnet das Porträt einer vielgestaltigen Persönlichkeit, die für manche Überraschung gut war.

Grundlage waren Archivalien, Zeitungsberichte, Gespräche mit Wegbegleitern und natürlich mit Udo Botzenhart selbst. All dies geschah in enger Zusammenarbeit mit dem Stadtarchiv Ulm, dessen Leiter die Schriftleitung der Veröffentlichung übernommen hat. Zu danken ist allen Gesprächspartnern sowie den Mitarbeiterinnen und Mitarbeitern der Bildarchive im Stadtarchiv Ulm und bei der Südwest Presse.

Das vorliegende Buch, das Ekhard Maus und Tabea Liebler gestaltet haben und von Udo Vogt und der Süddeutschen Verlagsgesellschaft verlegerisch betreut wurde, soll informieren, aber auch als unterhaltsame Lektüre dienen. Es steht beispielhaft für bürgerschaftliches Engagement in der Stadt und erinnert an interessante Facetten der Stadtgeschichte seit 1945 in Wort und Bild.

Familie, Firma
und Vereine

Barbara Schäuffelen

10 | Familie, Firma und Vereine

Ludwig Erhard (links) wird 75, es gratulieren 1980 in Bonn Udo Botzenhart (Mitte) und Ernst Ludwig.

Kindheit und Jugend

Kein echter, aber ein rechter Söflinger
Wenn man es genau nimmt, ist er gar kein Söflinger, der Udo Botzenhart. Als er am 26. Februar 1922 im Söflinger Krankenhaus geboren wurde, zählten nur die zur auserwählten Schar der wahren Söflinger, die auf eine Ahnenreihe von mindestens drei in der Vorstadt geborene und mit Blauwasser getaufte Ahnen väterlicher- wie mütterlicherseits zurückblicken konnten. Und das kann er nicht. Trotz des mangelnden Echtheit-Zertifikats hat er sich aber rasch nicht nur zum Musterbeispiel eines zwar nicht echten, aber rechten Söflingers gemausert, sondern wurde auch noch mit so ungewöhnlichen Beinamen geschmückt wie *„Fürst von Söflingen"*, das sagte Ludwig Erhard als

Bundeskanzler, oder *„Söflinger Urgestein und kommunalpolitische Legende"*, so rühmte ihn der baden-württembergische Ministerpräsident Erwin Teufel. In der Vorstadt schätzt man seinen schnörkellosen Umgang mit der Ulmer Zentralgewalt, man liebt seine Hilfsbereitschaft, seine Zuverlässigkeit, sein stets offenes Ohr, seine Ideen, sein mitfühlendes Herz und seine nicht selten offene Hand. Heute, sagt Heimatforscher Richard Gründler, brauche es keine Ahnenreihe mehr, um als echter Söflinger durchzugehen, heute reiche es, wenn man was für Söflingen tue. So, wie der Udo eben.

Großvater Mack fuhr in der Chaise herum

Die Großeltern Botzenhart, Franz Xaver und Theresia, lebten bis 1904 in Bollingen bei Ulm. Ein Jahr vor der Eingemeindung Söflingens nach Ulm zogen sie in die Vorstadt, wohl um den Weg zur Arbeit zu verkürzen, denn Großvater Franz Xaver arbeitete in der Söflinger Sägerei Molfenter.

Die mütterlichen Vorfahren lebten seit Generationen in Söflingen. Großvater Andreas Mack, zur Familie vom Café Mack besteht keinerlei Verwandtschaft, arbeitete vierzehn Jahre lang als Maurer und Steinhauer in der Münsterbauhütte, war dabei, als 1890 in schwindelnder Höhe der letzte Kranz auf den Turm gesetzt wurde, wie dem Enkel Udo immer wieder erzählt wurde. Nach der Vollendung des Ulmer Münsters machte er sich selbstständig und gründete eine Baufirma. Großmutter Josefine war gelernte Köchin, immer berufstätig, und Wirtin des Gasthofs „Zur Breite", Ecke Sonnen-/Rudolfstraße, wo heute eine Mangelstube ist. *„Mein Großvater hatte in der Rudolfstraße mehrere Häuser gebaut, darunter die ‚Breite', er lebte auf großem Fuß, ist mit der Chaise, einer Kutsche, ausgefahren"*, berichtet Botzenhart, *„kein Wunder, dass mein Vater, der aus einfachen Verhältnissen kam, zunächst nicht akzeptiert wurde"*.

Die Münsterspitze mit den Handwerkern, darunter Udos Großvater Andreas Mack, die 1890 den höchsten Kirchturm der Welt vollendeten.

Franz Botzenhart Sieger beim Deutschen Turnfest, 1908.

12 | Familie, Firma und Vereine

Die Eltern
Anna und Franz
Botzenhart.

Das Gasthaus
„Zur Breite"
Ecke Sonnen-/Rudolf-
straße.

Udo, verwöhntes Nesthäkchen

Seine Eltern, Franz Botzenhart und Anna Mack, hatten sich bei einem festlichen Empfang kennengelernt, der dem 23-jährigen Geräteturner bereitet wurde. Franz Botzenhart hatte 1908 beim Deutschen Turnfest in Frankfurt gesiegt und den ersten Deutschen Eichenlaub-Kranz nach Söflingen geholt. 1911 heirateten die beiden, 1912 wurde Josefine geboren, 1920 Maria und 1922 der, wie er selbst zugibt, verwöhnte Stammhalter Udo. Der war viel zu kostbar, um in den Kindergarten geschickt zu werden, er verbrachte die ersten Lebensjahre vor allem in der Wirtschaft „Zur Breite", wohl behütet von den älteren Schwestern, von Mutter und Tanten.

Udo Botzenhart mit seinen beiden Schwestern Josefine und Maria im Jahr 1926.

Familie Botzenhart, 1937.

Das Bild von Chr. Kneer aus dem Jahr 1922 zeigt Söflingen mit der Christus Kirche vorne und hinten Ulm, dazwischen Gärten, durch die Botzenhart zur Knaben-Mittelschule, dem heutigen Scholl-Gymnasium, marschierte.

Schule und Lehrzeit

Am liebsten war er auf der Gass, auch noch, als er in die Volksschule ging, die dort war, wo die heutige Meinloh-Schule steht. Als er dann in die Knaben-Mittelschule kam, sei er weiterhin draußen rumgesprungen, habe lieber auf dem Kuhberg im Fort und im Maienwald Indianerles gespielt als gelernt, erinnert sich der 87-Jährige mit Vergnügen. Ein guter Schüler sei er nie gewesen. Die Knaben-Mittelschule war in der Wagnerschule, dem heutigen Scholl-Gymnasium. Weil die Schule Geld kostete, konnte man sich keine Fahrkarten für die Tram leisten. Also lief der Bub von Söflingen auf einem Fußweg entlang den Schienen bis zur Schule, teilweise durch Schrebergärten, denn die Gegend zwischen Christuskirche und Westplatz war noch nicht bebaut. *„Eine ganz schön armselige Angelegenheit"*, meint Botzenhart heute.

Vater Franz wollte, dass sein Sohn Kaufmann lernen sollte, was dieser aber ablehnte mit dem Argument: So wie der schaffen muss, das will ich nicht. Der Vater hatte sich inzwischen selbstständig gemacht mit einer Kohlen- und Fahrradhandlung. Er bediente seine Kundschaft zunächst persönlich mit dem Handwagen, konnte sich aber bald ein Pferdegespann leisten, mit dem er Kohlen und Briketts ausfuhr. Udo beschloss, eine Lehre zu machen und dann – vielleicht – das Abitur. Drei Jahre lang war er Lehrling bei Steiger und Deschler und beendete die Lehrzeit mit der Erkenntnis, dass Kaufmann doch ein geeigneterer Beruf für ihn sei als Schlosser. So landete er schließlich in der Spoehrerschen Privaten Höheren Handelsschule in Calw, einem Internat. Sein Zimmergenosse war ein Sohn des Schuhfabrikanten Rieker, ein viel bewunderter junger Mann, denn der fuhr einen tollen Horch, einen Acht-Zylinder, und nahm den Udo auf seine Spritztouren mit. Kein Wunder, dass das erste Zeugnis so miserabel war, dass ihn der Vater mit den Worten ermahnte: Schämst du dich nicht, Vater und Mutter sparen sich das Schulgeld vom Munde ab und du bringst solche Noten mit heim. Nach einem Jahr hatte der reuige „Lebemann" die Schule mit Erfolg beendet.

Sie waren Zimmergenossen im Calwer Internat: Roland Rieker und Udo Botzenhart.

Viel bewundert, der Horch-Achtzylinder von Roland Rieker.

Mit 16 Jahren zählte Botzenhart zu den zwölf besten deutschen Jugendfechtern.

Sportliche Erfolge

Wie Vater Franz seinen Sohn jeden Sonntag mit in den Gottesdienst nahm, so nahm er ihn auch mit in den Turnverein Söflingen. Turner sollte der Bub werden wie sein Vater. Aber dem Udo lag diese Art von Sport nicht, und so begann er mit zehn Jahren, zusammen mit Otl Aicher, das Fechten mit Säbel und Florett. Während Aicher nach zwei Jahren aufhörte, zählte Botzenhart mit 16 Jahren zu den zwölf besten deutschen Jugendfechtern. Bei den Deutschen Jugendmeisterschaften in Breslau errang er mit der württembergischen Mannschaft den dritten Platz. Als man ihm 1938 nahe legte, die Freundschaft mit Peter Deschler zu beenden, weil dieser Halbjude sei und er sonst bei den deutschen Jugendmeisterschaften in Stuttgart nicht starten dürfe, hat er dies abgelehnt. Er wurde dennoch nach Stuttgart geschickt. Viel mehr habe er als Bub und als Jugendlicher vom Dritten Reich nicht mitbekommen, eine Zeit lang sei er Zugführer eines Fähnleins gewesen, wurde aber nach einer ausgiebigen *„da ka mer ruhig Sauferei schreiba"* degradiert.

Mitgliedsausweis von 1937.

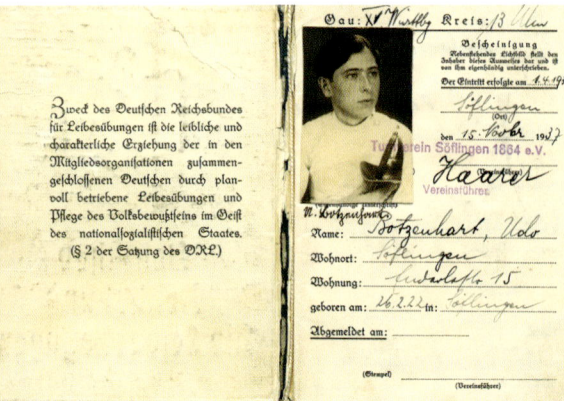

Das Kriegsgefangenenlager, gezeichnet von einem Kameraden.

Gefreiter Udo Botzenhart.

Arbeitsdienst, Krieg und Gefangenschaft

Von der Schule in Calw kam der 18-Jährige direkt nach Hagenau im Elsass in ein Arbeitsdienstlager, wo er Arbeitsdienstleiter im Fechten ausbildete. *„Das galt damals als edler Sport"*, erinnert sich Udo Botzenhart. Es folgten einige Monate Arbeitsdienst in Kiew, dann wieder Hagenau. Damals gelang es ihm, in Straßburg die Prüfung zum Speditionskaufmann abzulegen.

Mit der Wehrmacht kam er nach Südfrankreich, raste als übermüdeter Kradmelder bei Amiens gegen einen Baum, wo er mit einem Schädelbruch ohnmächtig liegen blieb und von einem Kameraden gerettet wurde. Vom Krankenhaus in Amiens wurde er in das von Neapel gebracht, als sein Bataillon nach Italien verlegt wurde. Um seinen Kameraden nach Afrika zu folgen, war er für das Schiff „Andrea" eingeteilt worden, konnte aber mit Hilfe eines Ulmer Polizisten mit einer Ju 52 nach Tunis geflogen werden. *„Ich habe in meinem Leben unendlich viel Glück gehabt"*, stellt Botzenhart dankbar fest, denn die „Andrea" wurde mit Mann und Maus versenkt.

Als sein Bataillon 1943 komplett aufgerieben wurde, verdankte Udo Botzenhart dem Lebensretter von Amiens, Stefan Weckesser, wiederum, dass er überlebte. Denn der grub ein so tiefes Loch in den Sand, dass beide darin den Kampf überleben und der Gefangennahme durch die Amerikaner entgehen konnten. Sie schafften es, mit einem amerikanischen Jeep und amerikanischen Mänteln fast 900 Kilometer in Richtung Marokko zu fliehen, gerieten dann aber in französische Gefangenschaft und kamen in getrennte Lager, erst in Tunesien, dann in Algerien. 1947 wurde Udo Botzenhart entlassen.
Der Glaube, berichtet Botzenhart, habe ihm Halt gegeben, im Krieg und in der Gefangenschaft. Er habe damals geschworen, wenn er überlebe, werde er jeden Sonntag in die Kirche gehen. *„Und das halte ich auch durch!"*

Im Gefangenenlager in Algerien, aus dem Botzenhart 1947 entlassen wurde.

Die drei Chefs von
Botzenhart und Bosch
im Jahr 1949:
Franz Botzenhart,
Heinrich Bosch und
Udo Botzenhart.

Geschäftliche Erfolge

Franz Botzenhart zum Kohlebeauftragten ernannt

Zurück aus der Gefangenschaft arbeitete der nun 25-Jährige als kaufmännischer Angestellter in der väterlichen Firma Botzenhart und Bosch, die damals schon von der Magirusstraße 27 in die Magirusstraße 17-19 umgezogen war. Weil die Firma größer geworden war und einen Kaufmann brauchte, hatte Vater Franz im Jahr 1921 Heinrich Bosch zum Teilhaber gemacht. Neben der Kohlehandlung wurde eine Spedition betrieben, zu der seit 1927 ein amtliches Rollfuhrunternehmen gehörte. Bei der Bahn unter Vertrag stehend, hatte die Firma die Güter vom Söflinger Bahnhof zum Kunden zu transportieren, eine Aufgabe, die der Firma Noerpel vom Ulmer Hauptbahnhof aus übertragen worden war, wobei oftmals die von den Ulmern geliebten dicken Noerpel-Gäule zu bewundern waren. 1930 entstand auf dem Grundstück an der Magirusstraße ein Lagerhaus, das die Massengüter aufnahm, die über den Gleisanschluss mit dem eigenen Lastzug herangeschafft worden waren, um dann an die Empfänger weiter transportiert zu werden.

1949 erklärte der Filius den beiden alten Herren, sein Vater war 64 Jahre alt, dass er von nun an das Geschäft alleine zu führen gedenke, was diese als Frechheit abtaten, dem Junior aber immerhin die Prokura gaben. Mit dem Betrieb war es nach Kriegsende stetig bergauf gegangen. Vater Franz war von den Amerikanern als Kohlebeauftragter der Stadt eingesetzt worden und hatte die lebenswichtigen Betriebe, wie Krankenhäuser, Nahrungsmittelbetriebe und Behörden, mit Brennstoff zu versorgen. Dies wurde mit Hilfe von Beschlagnahmungen erreicht.

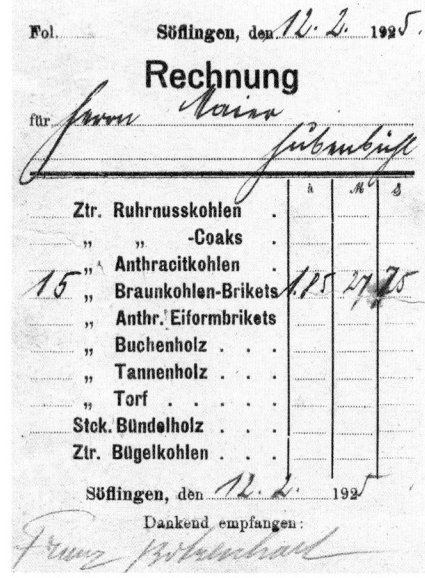

Rechnung von 1925, unterschrieben von Franz Botzenhart, dem Firmengründer.

Blick auf das Firmengelände an der Magirusstraße im Jahr 1965. Auf 3000 Quadratmetern sind Verwaltungsgebäude, Lagerhallen, Werkstätten und ein Wohngebäude für Betriebsangehörige angesiedelt.

1956: Udo Botzenhart wird Chef der Firma

1956 übernahm Udo Botzenhart die Firma von den beiden Vorbesitzern unter der Bedingung, ihnen eine lebenslange Rente zu bezahlen und das Ehepaar Bosch genauso zu behandeln wie seine Eltern. Was bedeutete, dass er diese jeden Sonntagvormittag abholte und nach Seligweiler brachte, wo sie wanderten und Mittag aßen. Nachmittags holte Botzenhart sie dann wieder ab, nicht unbedingt zum Vergnügen seiner Frau Pia, die er 1949 geheiratet hatte, aber *„von nichts kommt nichts"*, meint er achselzuckend.

Stolz ist Botzenhart nicht nur auf die 40 Laster, zwei Tankzüge, die Ulmer ESSO-Vertretung und die eigene Werkstatt, die zu seiner Firma gehörten, sondern auch darauf, dass es immer gelungen war, die neuesten, arbeitserleichternden Maßnahmen einzusetzen. Dazu gehörten elektrische Transportbänder, elektrische Sackauflader und moderne Waagen. Denn Kohlesäcke zu schleppen sei verdammt schwer, weiß Botzenhart aus eigener Erfahrung. *„Was, Sie sind der Herr Botzenhart?"*, wunderte sich eine Frau, als er 1956 reichlich angestaubt mit einem Kohlesack auf dem Rücken bei ihr im Keller stand, und fügte fast entschuldigend hinzu: *„ja wissen's, ihren Bruder, den Stadtrat, den kenne ich gut."* Stolz ist der Kaufmann aber auch darauf, dass er 1961 als einer der ersten Firmenchefs eine Ertragsbeteiligung für seine 50 Mitarbeiter eingeführt hat, die etwa der Höhe eines Monatsgehaltes entsprach, neben Weihnachts- und Urlaubsgeld. Für jeden Arbeitstag gab es einen Punkt, Fehltage wurden abgezogen. Bei der Betriebsversammlung wurde die Punktzahl mitgeteilt, das Geld kam als Darlehen mit 3 Prozent über Diskontsatz in die Firma zurück und wurde bei Bedarf ausbezahlt.

Die Eltern Anna und Franz Botzenhart feiern 1961 Goldene Hochzeit mit Pfarrer Rohrer, Ministerpräsident Kiesinger gratuliert ebenfalls.

22 | Familie, Firma und Vereine

Laster mit Anhänger, die Spedition transportierte fahrplanmäßig.

Im Jahr 1960 wurde der erste Tanklastzug angeschafft.

Beide Söhne treten in die Firma ein
Christoph Botzenhart übernahm 1983 nach seinem Studium als Diplom-Kaufmann den Bereich Brennstoffe, sein Bruder Markus, diplomierter Wirtschaftsingenieur, wurde 1989 für den EDV-Bereich zuständig. Schon 1972 war für die Spedition eine Lagerhalle in der Maybachstraße im Donautal gebaut worden, es folgte eine moderne Tankstelle mit sechs Zapfsäulen, die erste voll computergesteuerte Anlage im Bundesgebiet. 1985 zog die Spedition komplett ins Donautal um.

1988 wurde die Einzelfirma Botzenhart und Bosch in eine GmbH umgewandelt, von da an waren die beiden Söhne neben dem Vater gleichberechtigte geschäftsführende Gesellschafter. Ihrer Weitsicht sei es zu verdanken, sagt Udo Botzenhart, dass man sich rechtzeitig vom Brennstoffhandel getrennt und diesen verkauft habe, als man noch etwas dafür bekam. Denn Ende der 80er/Anfang der 90er Jahre wurden die klassischen Brennstoffe wie Öl und Kohle von Gas und Fernwärme verdrängt.

Die jungen Botzenharts setzten voll auf Spedition und Logistik, investierten acht Millionen in eine supermoderne Speditionsanlage in der Dornierstraße im Donautal, die 1989 eingeweiht wurde. Bis Mitte der 1990er Jahre hatte sich der Umsatz verfünffacht. Es wurde endlich einmal richtig Geld verdient, wie Christoph Botzenhart erklärt, der es, wie auch sein Bruder Markus, dem Vater doch ein wenig verübelt, dass der sich sein Leben lang mehr um seine zahllosen Ehrenämter als um seinen Broterwerb gekümmert hat.

Als sich 1998 ein Käufer für das Unternehmen fand, das ohne weitere große Investitionen nicht zu halten gewesen wäre, wurden große Teile der Logistik (Lager und Transport) verkauft. Beide Brüder gründeten 1998 in der Benzstraße im Donautal die Firma Botzenhart management consulting GmbH & Co KG.

Im Donautal entstand 1979 die erste voll computergesteuerte Tankstelle im Bundesgebiet.

Weihnachtsfeier 1988: die beiden Söhne Markus, links im Bild, und Christoph Botzenhart übernehmen die Leitung der Firma, Vater Udo teilt das freudestrahlend der Belegschaft mit.

Seine Mitarbeiter hielten ihm stets den Rücken frei

Als er 1956 Firmenchef wurde, gelang Udo Botzenhart gleichzeitig der Einzug in den Ulmer Gemeinderat. Damals war er schon erster Vorsitzender des Söflinger Musikvereins und der TSG Söflingen, sowie zweiter Vorsitzender des Vorstadtvereins. Aufgaben, denen er sich mit Hingabe und großem Zeitaufwand widmete, widmen konnte, denn er hatte im Betrieb zwei Mitarbeiter, auf die er sich hundertprozentig verlassen konnte. Hans Vogesser leitete die Kohleabteilung und sein alter Kriegskamerad Stefan Weckesser die Spedition. So holte Udo Botzenhart jeden morgen um sechs Uhr die Post ab, erfuhr da die neuesten Ulmer Nachrichten, las Post und Zeitungen im Büro durch und konferierte um 7:30 Uhr mit diesen beiden Mitarbeitern. Vormittags war er im Büro oder besuchte Kunden. Weil ihm seine Mitarbeiter den Rücken frei hielten, wie er immer wieder betont, konnte er den Nachmittag den Dingen widmen, die ihn wirklich interessierten, der Kommunalpolitik, vor allem aber seiner Heimat Söflingen, deren Entwicklung er mit Argusaugen überwachte und mit Druck, der nicht allen behagte, voranzutreiben suchte.

Toll, dass dieses Schreiben mit drin ist in dem Buch, findet Udo Botzenhart, auch wenn er hier ziemlich attackiert wird.

10.7.77

Lieber Cheff,

Die Mitarbeiter würden es begrüssen, wenn sie sich mehr um ihren Laden kümmern würden, statt immer auf Toer zu sein, wie dies seit Wochen der Fall ist. Pleiten wie in Langenau würde es dann nicht geben und Herren wie gehabt die alles besser wissen, wären dann auch nicht erforderlich. höchste Zeit war es dass dieser gegangen ist, das scheinen sie rechtzeitig gespürt zu haben, sonst wäre was passiert.

einer ihrer Mitarbeiter
der im Auftrag von allen

Rückhalt in der Familie

„Die muss her"

Als Botzenhart 1947 aus der Gefangenschaft zurückgekehrt war, versuchten ihn seine beiden älteren Schwestern an die Frau zu bringen und nahmen ihn regelmäßig zu Festivitäten aller Art mit. Bei einer dieser Gelegenheiten entdeckte er unter den Festdamen eine sehr stattliche junge Frau, die ihm auf Anhieb so gut gefiel, dass er sich sagte: die muss her. Gedacht, getan, eine Vorgehensweise, die charakteristisch für den „Udo" werden sollte. 1949 heiratete er die 22-jährige Pia Lippe. Eine gescheite Person, die nach dem Abschluss des Gymnasiums gerne studiert hätte – für die Älteste von acht Geschwistern in der damaligen Zeit aber ein unerfüllbarer Wunschtraum. Pias Vater war Norddeutscher, die Mutter aus altem Söflinger Geschlecht. Das Paar zog in eine Drei-Zimmer-Wohnung in der Erlenstraße und nahm bald nach der Hochzeit Udos Kriegskameraden und Lebensretter Stefan Weckesser bei sich auf, der damals erst aus der Gefangenschaft entlassen worden war und angefragt hatte, ob Botzenhart ihn nicht bei sich im Geschäft unterbringen könne.

1949 heiraten Pia und Udo Botzenhart.

Pia und Udo Botzenhart am Bodensee, bei einem ihrer wenigen gemeinsamen Ausflüge.

Pia Botzenhart mit ihren drei Kindern.

Zwei Dickschädel mit verschiedenen Interessen

1954 zogen Pia und Udo Botzenhart in ihr neu erbautes Heim in der Pfarrer-Weser-Straße, natürlich ebenfalls in Söflingen. 1956 wurde Dorothee geboren, 1958 folgte Christoph, 1962 Markus. Man habe sich von Anfang an darauf geeinigt, erklärt Botzenhart, dass Pia für Haus und Kinder und er für alles andere zuständig sei. Seine Frau habe diese Einteilung, bei der er praktisch nie zu Hause war, zwar öfters murrend oder mit für sie typischen spitzen Bemerkungen kritisiert, aber in der Regel akzeptiert. Als er zufällig bei einem bewaffneten Überfall auf die Söflinger Sparkasse in der Bank anwesend war und er seiner Frau davon berichtete und ihr erklärte, dass sie beinahe Witwe geworden wäre, entgegnete Pia nur trocken: Du musst auch überall dabei sein. Nach Ansicht ihrer Kinder hat Pia Botzenhart nicht nur darunter gelitten, dass ihr Mann kaum Zeit für sie hatte, sondern auch darunter, dass er kein Interesse für ihre Liebhabereien aufzubringen vermochte. Sie liest viel, Udo nur Zeitungen und Protokolle. Sie geht gerne ins Theater und in die Oper, Udo schläft da sofort ein. Pia reist gerne, er nicht. So machte sie das, was ihr Vergnügen bereitete, mit ihren Kindern, Freundinnen und Bekannten und machte im Gegenzug auch nicht mehr bei dem mit, was ihren Mann umtrieb: das öffentliche Leben. Sie zog sich irgendwann völlig zurück. Zwei Dickschädel, meint Tochter Dorothee, seien da aufeinander geprallt, wobei nach Ansicht der Kinder der mütterliche fast noch ein wenig härter sei als der des Vaters.

Dorothee, Markus und Christoph im elterlichen Garten in der Pfarrer-Weser-Straße.

Auch hier war Udo Botzenhart dabei, 1980 beim Banküberfall in Söflingen, bei dem scharf geschossen wurde.

„Du musst auch **überall dabei** sein"

Udo Botzenhart als stolzer Brautvater.

Das war kein Zuckerschlecken

Pia Botzenhart war und ist einer der ganz wenigen Menschen aus dem Umkreis von Udo, der sich traut, eine andere Meinung zu vertreten als dieser, was immer wieder zu lauten Wutausbrüchen seinerseits geführt hat. Heute, sagt sie und schweigt ansonsten zu dem Thema. Heute gehe sie derlei Streitereien aus dem Wege mit der Bemerkung: ja, ja du hast ja recht. Ein Zuckerschlecken seien die Jahre mit diesem rastlosen, Bewunderung gewöhnten Menschen aber nicht gewesen, fügt sie dennoch hinzu, obwohl sie sich vorgenommen hat, kein Wörtchen zu sagen. Er habe sich halt in der Öffentlichkeit immer zusammenreißen müssen und sei dann daheim, oftmals beim geringsten Anlass, explodiert, was ihr ganz und gar nicht gefallen habe. Seine Frau sei ein Glücksfall für ihn, er habe ihr viel zu verdanken, ist sich denn auch Ehemann Udo sicher, der anlässlich ihrer Goldenen Hochzeit die kirchliche Trauung gerne wiederholt hätte, worauf sie ihn augenzwinkernd mit dem für sie typischen Humor warnte: Ein zweites Mal sage ich nicht ja!

Eine fast normale Familie

„Was ich bin, bin ich durch meine Mutter, der Vater war ja nie da", sagt Markus Botzenhart und Christoph ergänzt, dass ihnen der Vater im Grunde aber nicht allzu sehr gefehlt habe. Denn Mutter Pia sei immer da gewesen, sie habe, dem damaligen Rollenbild entsprechend, für ihre Kinder gelebt, erinnert sich Schwester Dorothee. Morgens um sechs Uhr habe der Vater das Haus verlassen, sei um zwölf zum Mittagessen wieder erschienen und habe sich dann zum Mittagsschlaf niedergelegt. Meist kamen die Kinder erst nach zwölf von der Schule heim, dann mussten sie leise sein, um Vaters Schlaf nicht zu stören, der aber bald wieder verschwand, meist ins Rathaus. Um 18 Uhr gab es Abendbrot mit Vater Udo, der sich dann erneut verabschiedete, um in seinen Vereinen zu wirken. Für die Mutter sei dieses übergroße Engagement schwer nachvollziehbar gewesen,

Pia und Udo Botzenhart
als Großeltern.

Christoph und Markus
Botzenhart, 2006.

Pia und Udo Botzenhart harmonisch im Gleichklang.

meint Christoph, so recht habe sie nie verstanden, warum ihn das Ehrenamt so interessiert. Dennoch habe sie immer, wenn er sie gefragt hat, ob er ein Amt übernehmen soll, die gleiche Antwort gegeben: wenn's dich glücklich macht, dann tu's halt.

An den Wochenenden ist Botzenhart mit den Kindern, so lange die noch wollten, geritten, gewandert oder Rad gefahren, woran sich die Mutter nicht beteiligte, auch nicht beim alljährlichen einwöchigen Skiurlaub mit dem Vater. Sehr zum Missfallen ihrer Tochter, die meint, dass die Mutter wenigstens das Skifahren hätte lernen sollen. Das sei ja nicht so schwer, ihr Mann habe es auch lernen müssen, ergänzt sie, die Hotelfachfrau, die mit ihrer erwachsenen Tochter und ihrem Mann drei Gasthäuser umtreibt. Pia Botzenhart erinnert sich aber genau daran, dass Udo, so lange sie noch keine Kinder hatten und sie gerne mitgegangen wäre, immer alleine zum Skifahren weg sei. Später habe sie dann auch nicht mehr wollen. Uns Kindern hat es an nichts gefehlt, sind sich die drei jungen Botzenharts einig. Beide, Vater und Mutter, haben für beste Voraussetzungen für den Start ins Leben gesorgt, die Mutter durch eine gute Erziehung, der Vater mit besten finanziellen Möglichkeiten.

Ehrenamtliche Tätigkeiten
Udo Botzenhart

1. Verbände – Firmen
25 Jahre   IHK Mitglied der Vollversammlung
15 Jahre   IHK Vorsitzender
           des Verkehrsausschusses
25 Jahre   UWS Ulmer Wohnungs-
           Siedlungs GmbH
26 Jahre   Verwaltungsrat Sparkasse Ulm

2. Vereine – Ehrenvorsitzender
Musikverein Söflingen Stadtkapelle Ulm e.V.
 6 Jahre   2. Vorsitzender 1949 – 1955
28 Jahre   1. Vorsitzender 1955 – 1983
26 Jahre   Ehrenvorsitzender seit 1983

TSG Söflingen
35 Jahre   1. Vorsitzender 1955 – 1990
19 Jahre   Ehrenvorsitzender seit 1990

Ulmer Knabenmusik
(gegründet von U.B. 1961)
29 Jahre   1. Vorsitzender 1961 – 1990
19 Jahre   Ehrenvorsitzender seit 1990

VVS Vorstadtverein Söflingen
(Gründungsmitglied)
 8 Jahre   2. Vorsitzender 1955 – 1963
37 Jahre   Ehrenvorsitzender seit 1972

3. Gemeinderat der Stadt Ulm
40 Jahre   Gemeinderat
           1956 – 1991 und 1994 – 1999
 9 Jahre   2. Fraktionsvorsitzender
           1956 – 1965
26 Jahre   1. Fraktionsvorsitzender
           1965 – 1991
 5 Jahre   1. Fraktionsvorsitzender
           1994 – 1999

4. Auszeichnungen
BVK am Bande, dez. 1977
BVK 1. Klasse 1983
Verdientmedaille des Landes BW, 6. Mai 2000
(Auflage: nur 1000 lebende Träger)
u.a. mehr

Vereinsleben

So einer will ich auch mal werden
Wie für viele Söflinger spielte der Verein für Udo Botzenhart von klein auf eine große Rolle.

Was für ihn die TSG war, in der sein Vater zum Vorstand gehörte, bedeutete anderen Söflingern der Musikverein, der Liederkranz oder eine andere der über zwanzig Gruppierungen der Vorstadt. Hier, im Verein, spielte sich bis lange in die Nachkriegszeit hinein das gesellschaftliche Leben ab. Man traf sich auch an den Wochenenden zu gemeinsamen Unternehmungen mit den Familien und feierte jede Menge Feste zusammen. Auf einer Weihnachtsfeier erlebte der fünfjährige Udo den ersten Vorsitzenden der TSG Hugo Schlang als Festredner und beschloss: das will ich auch mal werden. Denn, so erklärt er heute, damals galten die noch was, die vorne dran waren. Und so sagte er nicht nein, als er 1949 gebeten wurde, zweiter Vorsitzender des Musikvereins zu werden. Auch nicht, als er 1955 erster Vorsitzender wurde. Und schon gar nicht, als man ihn im gleichen Jahr zum ersten Vorsitzenden der TSG Söflingen wählte, denn ihm war längst klar geworden, dass es besser ist, wenn die beiden großen Vereine der Ulmer Vorstadt nicht miteinander konkurrieren, sondern von einer Person geführt werden. Getrennt marschieren, aber vereint schlagen, war seine Devise.

Reif für das Guinnessbuch der Rekorde
Bei der Ulmer Gemeinderatswahl im Jahr 1956 wollten die Freien Wähler den nun schon recht bekannten Botzenhart auf ihre FWG-Liste setzen, wo er jedoch keinerlei Chance gehabt hätte. Daher gründete er eine eigene Liste, die Unabhängige Wählergemeinschaft Söflingen (UWS), mit der er auf Anhieb nicht nur Stadtrat, sondern auch stellvertretender Fraktionsvorsitzender der Ulmer FWG wurde. Ein Coup, den der 87-Jährige heute als das bezeichnet, was ihn mit ganz besonderer Genugtuung erfüllt, wenn er auf sein langes Leben zurückblickt.

Damit hatte er sich für ein Leben in und für die Öffentlichkeit entschieden, das ihm viel Freude machte, zumal er Erfolge hatte, ihn aber auch immer mehr beanspruchte. Seine Ehrenämter in Vereinen, der Kommunalpolitik, in Verbänden und Firmen wie Sparkasse, Industrie- und Handelskammer oder der Ulmer Wohnungs- und Siedlungs-Gesellschaft mbH nahmen in dem Maße zu, wie sich sein Haupthaar lichtete. Und wenn er einen Tag nicht in der Zeitung stand, war das ein Grund für schlechte Laune, berichtet sein Sohn Christoph. Mit den insgesamt 375 Jahren ehrenamtlicher Tätigkeiten, wobei nicht einmal alle mitgezählt sind, winkt Udo Botzenhart wahrscheinlich ein Eintrag ins Guinnessbuch der Rekorde, hat er doch seit seinem 27. Lebensjahr im Schnitt mindestens sechs Ehrenämter pro Jahr mit viel Energie, Ideenreichtum, steter Einsatzbereitschaft, kurz seiner ganzen prallen Persönlichkeit ausgefüllt.

„Getrennt marschieren aber vereint schlagen"

1955 verlegen Botzenhart und seine Vereinsfreunde eine 320 Meter lange Wasserleitung vom Söflinger Krankenhaus zum TSG-Vereinsheim.

Die Botzenharts und die TSG – eine unendliche Geschichte?

Mit Stolz weist Udo Botzenhart darauf hin, dass mit seinem Sohn Markus die dritte Botzenhart-Generation im Vorstand des Turnvereins vertreten ist, letztere bislang allerdings noch ohne besonderen Vermerk in der Vereinsgeschichte. Als der Turnverein 1926 die Parzelle „Bei den Fünf Bäumen" erwarb, stellten sich die Vorstandsmitglieder Hugo Schlang, Franz Botzenhart, Kassier Josef Hartmann und Schriftführer Leonhard Haarer als Bürgen zur Verfügung. 1930 wurde mit dem Bau des Sportgeländes begonnen, in Eigenleistung. Drei Jahre lang schufteten die Vereinsmitglieder den Sommer über nach Feierabend, bewegten 14.000 Kubikmeter Erde, 3.000 Fuhren Rollwagen. In 39.000 Arbeitsstunden schufen sie den eigenen Sportplatz und das Vereinsheim, das am 3. September 1933 eingeweiht wurde. Um dieses mit Wasser zu versorgen, verlegten 100 Vereinsmitglieder am Ostersamstag 1955 unter der Regie ihres neu gewählten jungen Vorsitzenden Udo Botzenhart eine 320 Meter lange Wasserleitung vom Söflinger Krankenhaus zur Turn- und Sportgemeinde (TSG) Söflingen 1864, die 1939 aus dem Zusammenschluss von Turn- und Sportverein entstanden war.

Drei Sommer lang schufteten die Vereinsmitglieder nach Feierabend am Bau des TSG-Sportgeländes an der Harthauser Straße, das 1933 eingeweiht wird.

Mit neuen Hallen von Erfolg zu Erfolg

1955, nach seiner Wahl zum ersten Vorsitzenden der TSG, setzte Udo Botzenhart als gewiefter Kaufmann als erstes durch, dass die einzelnen Abteilungen ohne Zuschüsse vom Verein auskommen müssen, was auf keine Gegenliebe stieß, sich aber durchaus bewährt hat, denn es gab dem Verein die Möglichkeit, die nötigen Rahmenbedingungen wie Hallen zu schaffen. Was auch geschah, allerdings auf ziemlich ungewöhnliche Weise und mit Botzenhart als heimlichem Mäzen. Er schnorrte Baumaterialien zusammen und ließ unter massiver eigener Mithilfe und mit Unterstützung vieler freiwilliger Helfer aus dem Verein 1963 die Lander-Halle auf dem TSG-Gelände errichten. Ein Zeitzeuge erinnert sich, dass damals im Gerüst sogar Einarmige rumgekraxelt sind und mit geschafft haben. Es wurden Bausteine an die Mitglieder verkauft, die Turnabteilung gab einen großen Betrag, es kamen Zuschüsse von Stadt und Landessportverband. Wie viel genau an ihm hängen blieb, weiß er nicht mehr, im Lauf der Jahre aber sechsstellige Beträge. Denn es ging ja weiter. Als die Stadt für die Meinloh-Schule eine Turnhalle brauchte und dort kein Platz war, bot er an, dass die TSG die Halle mit den üblichen Zuschüssen baut und an die Stadt vermietet. So entstand auch die Theodor-Pfizer-Halle. Und wenn der Hausmeister von der TSG für sechs Wochen in den Urlaub ging, sorgte Botzenhart für eine Vertretung. Auf seine Kosten, versteht sich.

Tennis statt Schweinemast

In unmittelbarer Nachbarschaft des TSG-Geländes befanden sich am Fünf-Bäume-Weg zwei Schweine-Mästereien, die eine Erweiterung der Tennisplätze unmöglich machten und die da auch nicht weg wollten. Udo Botzenhart, wie immer um eine zündende Idee nicht verlegen, rief die Grundstücksbesitzer um den Fünf-Bäume-Weg zusammen und schlug ihnen vor, jeder möge pro Quadratmeter Grund fünf DM berappen, die man an die Mästereien auszahlen würde, wenn diese verlagerten. Er würde dann zur Stadt gehen und einen Bebauungsplan beantragen, womit eine gewaltige Wertsteigerung der Grundstücke einher gehe. Bis auf zwei Eigentümer willigten alle ein, die Schweinemäster ebenso. Die beiden Verweigerer besuchte Botzenhart an Heiligabend. Als er erklärte, wenn sie nicht endlich zustimmten, würde er vor ihnen niederknien, gaben sie schließlich nach. Nicht nur die Tennisfreiplätze, sondern auch eine neue Tennishalle waren gerettet. Kein Verein in der Bundesrepublik Deutschland, und darauf ist Botzenhart unheimlich stolz, hat sieben vereinseigene Sporthallen. Und immer wieder betont er: Das habe ich nicht alleine erreicht, nur mit Hilfe meiner Mitarbeiter war das zu schaffen. Sein besonderer Dank gilt Walter Feucht, seinem Nachfolger als erstem Vorsitzenden der TSG Söflingen, ebenfalls ein großzügiger Mäzen.

Unter Botzenharts Ägide führte die TSG den KUSS ein, eine zweitägige Veranstaltung unter dem Motto „Kunst, Unterhaltung, Sport und Spiel" mit einer Ausstellung meist einheimischer Künstler, eine bundesweit einmalige Verbindung, die auf viel Resonanz stößt.

Museumschef Dr. Treu und Botzenhart 1990 beim ersten KUSS.

Zwei, die sich sehr schätzen! Der Söflinger Künstler Wilhelm (Helme) Luib und Udo Botzenhart.

Udo hilf – und zahl

Das für Juni 1987 groß angekündigte, von Walter Feucht erfundene Fest „Knallbonbon", dessen Erlös tumor- und leukämiekranken Kindern zugute kommen sollte, drohte schon vor Beginn zu platzen, weil die Veranstalter auf dem TSG-Gelände keinen Platz mit festem Untergrund für ihre schweren Maschinen finden konnten. Der TSG-Parkplatz war zwar als solcher ausgewiesen, aber nicht geteert. Udo hilf, hieß es wie so oft in Söflingen. Der rief einen Bekannten an und fragte, ob selbiger mal rasch ein paar Kubikmeter Teer auf den Parkplatz schmeißen könne. Gewiss doch, hieß es. Dann fragte er den Chef des Tiefbauamtes, ob das erlaubt sei. Gewiss doch, wenn der Udo das bezahle. So wurde rasch geteert. Der Udo hat´s bezahlt, der Knallbonbon wurde ein großer Erfolg und findet seither alle zwei Jahre statt. Dann wurde Botzenhart angezeigt, weil der Gemeinderat das Teeren nicht genehmigt hatte. Als Buße musste Botzenhart dann auch noch zwölf Bäume und deren Pflanzung auf dem Parkplatz bezahlen. Die Genehmigung durch das Tiefbauamt verschwieg er, er wollte niemanden in diese Angelegenheit hineinziehen. Selbstverständlich habe er damals auch das Bußgeld bezahlt, als er ohne Baugenehmigung die TSG-Gaststätte ein wenig erweitern ließ, weil noch Baumaterial vom Hallenbau übrig geblieben war. *„Das musste sein"*, erklärt Botzenhart schlitzohrig. Denn der Udo hält bürokratische Verordnungen hoch in Ehren, aber nur so hoch, dass er, wenn nötig, noch drunter durchschlüpfen kann. Für einen guten Zweck, versteht sich.

Genie und toller Chef

Wen nimmt es da noch Wunder, wenn Udo Botzenhart von seinem langjährigen Gefährten im TSG-Vorstand Max Mader schlichtweg als Genie bezeichnet wird? Ein Mensch mit einer solch positiven Ausstrahlung, dass man ihm nicht widerstehen konnte, wenn er einen um etwas bat, sagt Mader. Eigenverantwortung habe der Udo gepredigt, immer aufs Geld geschaut. Bei Sitzungen nicht überzogen, sondern an die Familien daheim gedacht. Seine Mitarbeiter hatten die Verbindung zur Basis, er die nach oben. Und die habe er zu nutzen gewusst. Erfolge habe er nie auf sich bezogen, sondern an das Team weitergegeben. Und wenn was schief gelaufen sei, habe er nicht rumgebrüllt, sondern mit den Schuldigen gemeinsam danach gesucht, wie man die Scharte wieder ausbessern könne. Das bestätigt auch Marlies Wusthorn, Geschäftsführerin der TSG, die gar so weit geht, Udo Botzenhart als einen der wenigen Männer zu bezeichnen, zu dem *„ich hochgucken kann"*. Er sei nicht nur Vorstand gewesen, sondern habe dieses Amt gelebt, habe stets und immer über alle Einzelheiten Bescheid gewusst. Da sich der Vorstand jede Woche traf, blieb nichts liegen und die wöchentlichen Besprechungen waren kurz. Botzenhart habe Verantwortung immer weitergegeben *„da arbeitet man ganz anders, unter einem solch' tollen Chef"*, so das Resümee von Marlies Wusthorn.

Musikverein Söflingen siegt 1957 in Frankreich

Obwohl er anfangs eine Tuba nicht von einer Trompete habe unterscheiden können – wenn Udo Botzenhart von seinen Erlebnissen im Musikverein und der Ulmer Knabenmusik spricht, die eng miteinander verbandelt waren, gerät er jedes Mal ins Schwärmen. Begeistert erzählt er vom Bundesmusikfest in Ravensburg, wo das Blasorchester des Musikvereins 1957 unter seinem Dirigenten Paul Kühmstedt den ersten Platz erspielte und daraufhin als Vertreter der Bundesrepublik Deutschland zum internationalen Musikfest nach Vichy in Frankreich eingeladen wurde. Die Söflinger reisten in einem eigenen Waggon, der ihnen vom Auswärtigen Amt zur Verfügung gestellt worden war. Als das Blasorchester am Grab des Unbekannten Soldaten zwei Kränze niederlegte und im Rathaus noch darüber diskutiert wurde, ob das überhaupt angebracht sei, ließ Udo Botzenhart seine Mannen schon die Marseillaise spielen. Da hätten die anwesenden Franzosen geweint, noch heute ist er gerührt. Und sein Musikverein, der 1961 zur Stadtkapelle Ulm ernannt wurde, erspielte sich in Vichy unter 15 teilnehmenden Ländern den ersten Preis der Nation Frankreich und den zweiten im internationalen Wettbewerb.

Die Züricher Knabenmusik kommt zu Besuch nach Ulm

Auf die Frage der Ulmer Stadtverwaltung, ob der Söflinger Musikverein die 90 Mann starken Züricher Musiker unterbringen könne, musste Botzenhart erst einmal schlucken und um eine Frist zum Überlegen bitten. Aber Udo wäre nicht Udo und Söflingen nicht Söflingen, wenn es nicht gelänge, 90 Jungen ein paar Tage Kost und Logis zu bieten, zumal die Stadt bereit war, für die Unkosten aufzukommen. Die Züricher reisten 1959 also mit dem Zug an, ihr Gepäck beförderte ein Laster von Botzenhart und Bosch, die Jungs marschierten vom Hauptbahnhof

Die Züricher Knabenmusik marschiert durch Ulm, 1989.

nach Söflingen. Das war der Beginn einer wunderbaren Freundschaft, schon im gleichen Jahr machten die Söflinger einen Gegenbesuch in der Schweiz, wurden wie Staatsgäste empfangen, mit Fahne und Eskorte. Und während er der Züricher Knabenmusik lauschte, beschloss der Söflinger Udo Botzenhart: So was brauchen die Ulmer auch.

UKM führt zur Gründung der Jugendmusikschule

Gesagt, getan. 1961 gründete er die Ulmer Knabenmusik (UKM), wurde erster Vorsitzender und machte Helmut Prottung, der lange Jahre zweiter Mann im Schul-und Sportamt war, zum Geschäftsführer. Als Dirigenten verpflichtete er Paul Kühmstedt, der eigentlich von Ulm weggehen wollte, und machte ihn kurzerhand zum Angestellten des Musikvereins. Die Stadt übernahm die Kosten für den Musikunterricht der Knabenmusik auf Honorarbasis, was aber nie ausreichte, so dass Prottung an Weihnachten immer bei Botzenhart anrief und erklärte, dass er Geld brauche: Da habe ich halt ein paar Tausender 'rübergeschickt, meint Botzenhart wie selbstverständlich. Eigentlich habe der Udo bei der UKM ständig zuschießen müssen, erinnert sich Arnold Laepple, damals Leiter des Schul-und Sportamtes, auch dann noch, als nicht zuletzt als Folge der UKM-Gründung der Ulmer Gemeinderat 1964 beschloss, die Jugendmusik auf eine breitere Basis zu stellen und ein städtisches Schul- und Jugendmusikwerk ins Leben zu rufen. Dies war die Keimzelle der Musikschule, zu der die UKM, heute Junge Bläserphilharmonie Ulm, jetzt gehört.

Bürgerschaftliches Engagement

Wie eine große Familie: Über 1.000 Jugendliche ausgebildet

Auch wenn Botzenhart behauptet, alle seine Ehrenämter seien ihm gleich lieb, wenn er von der UKM spricht, wird seine Stimme weich und seine Augen leuchten. Immer wieder gerät er ins Schwärmen über die Besuche in Zürich mit Oberbürgermeister Theodor Pfizer, der wacker mit marschiert sei, als die UKM 1961 ihr erstes Konzert geben sollte. In einem Zelt mit 5.000 Zuhörern waren die Ulmer als Letzte an der Reihe und Pfizer befürchtete sehr, dass die Neulinge sich und ihn blamieren würden. Zumal William Vantobel neben ihm saß, Nationalrat und späterer Schweizer Ministerpräsident. Botzenhart beruhigte ihn immer wieder, die Ulmer Buben spielten super auf und erhielten einen Mordsbeifall. OB Pfizer stürmte aufs Podium, hielt eine Jubelrede und lud das ganze Zelt, 5.000 Mann, nach Ulm ein. Dass seine Buben 2005 beim Weltjugendmusikfestival in Zürich mit ihrem Dirigenten Josef Christ zum besten von 85 Orchestern gekürt wurden, imponiert dem Ehrenvorsitzenden Udo Botzenhart gewaltig. Er war extra in die Schweiz gereist, um die Daumen zu drücken, mit Erfolg, denn sein Orchester schaffte von 360 möglichen Punkten 354,5. Um die 1.000 Buben und (seit dem Jahr 2006) Mädchen haben in diesem weltweit auf Tournee gehenden Jugendorchester mitgespielt. Ehemalige und Aktive seien wie eine große Familie, schwärmt Gründer Botzenhart nicht ohne Stolz.

Udo Botzenhart gratuliert seinen „Buben", der Ulmer Knabenmusik, 1987.

Pia und Udo Botzenhart mit Christiane Herzog, der Frau des Bundespräsidenten, 1995 nach der Ulmer Gala zugunsten von mukoviscidosekranken Kindern und Jugendlichen.

Vater, jetzt reicht's

Wie sehr ihn die UKM beschäftigt, merkt man, wenn der 87-jährige Botzenhart im Gespräch unvermittelt sagt, dass er nun beruhigt die Augen schließen könne, weil er einen tollen Nachfolger gefunden habe, der bereit sei, sich – wie er – bei der UKM zu engagieren. Eduard Schleicher hat im Frühjahr 2009 den Vorsitz im Stiftungsrat übernommen, wofür ihm Botzenhart *„unendlich dankbar"* war. Gemeinsam mit der Söflingerin Helma Fink-Sauter hat er die Stiftung Ulmer Knabenmusik eingerichtet. Jeder hat 50.000 Euro beigesteuert, womit ein Grundstock für die Zukunftssicherung des Orchesters geschaffen worden ist, freut sich der Stifter. Seine beiden Söhne hätten zwar gesagt: Vater, jetzt reicht es. Einerseits versteht er das, andererseits meint er, dass *„wir alle doch unsere gutes Auskommen haben."*

Im Sinne von Hannah Arendt ist Udo Botzenhart ein herausragendes Beispiel eines Menschen, der die Zwänge des Ökonomischen hinter sich gelassen hat und auf einer davon freien Ebene zwischenmenschliches Handeln betreibt. Für die Philosophin bedeutet dies wahre Freiheit, wie sie in ihrem Buch „Vita activa" ausführt. Der Verfassungsrechtler Ernst-Wolfgang Böckenförde schreibt unter dem Titel *„Woran der Kapitalismus krankt"*, dass Eigentum auch dem Gemeinwohl dienen müsse, nur so sei dem Turbo-Kapitalismus beizukommen. Von ihm stammt der berühmte Satz, wonach der *„freiheitlich säkularisierte Staat von Voraussetzungen lebt, die er selbst nicht garantieren kann"* – nämlich den ethischen, religiösen, moralischen Orientierungen seiner Bürger.

Geld verpflichtet – Wie viel brauchsch?

Ihm sei ihm immer klar gewesen, dass seine Ehrenämter nicht nur Zeit und Kraft kosten, sondern auch Geld, erklärt Botzenhart. Geld verpflichte, gerade auch in einer Demokratie. Wer genug hat, der kann, nein, der muss davon etwas weitergeben an die anderen, ist sich Botzenhart sicher. Das habe er schon beim Vater erlebt, der für die TSG den letzten Hosenknopf hergegeben hätte. Seine Mutter hatte das Geld und *„mein alter Herr hat es, vor allem für die TSG, ausgegeben"*. Sohn Udo ließ sich ebenfalls nie lumpen, wenn es um die TSG ging, und schon gar nicht, wenn sein Söflingen etwas brauchte. Als die Stadt, um nur ein Beispiel zu nennen, den Ausbau des Dachstuhls der Klostermühle aus Geldkosten einstellen wollte, erklärte Botzenhart, dass die Söflinger die Hälfte der Kosten, 250.000 DM, übernehmen würden, um dort ein Heimatmuseum einzurichten. Die Stadt stimmte zu, Botzenhart rief eine Versammlung ein, legte 25.000 DM auf den Tisch und bat die anwesenden Söflinger, es ihm nachzumachen. Und die Söflinger taten es ihm gleich, denn in der Ulmer Vorstadt gedeiht, von der traditionsreichen, dörflichen Struktur begünstigt, immer noch ein Pflänzchen, das andernorts ausgerottet ist oder auf der Roten Liste steht, ein ausgeprägter Sinn für die Gemeinschaft. Dieses „Wir Söflinger", dieses Gefühl der Zusammengehörigkeit, hat Udo Botzenhart vom Beginn seiner Karriere an im Auge behalten, es gehegt und gepflegt. Produkt ist unter anderem ein schmuckes Museum mit regelmäßigen Wechselausstellungen zur näheren und weiteren Geschichte des Vororts, das zur großen Genugtuung des Initiators auch schon im Fernsehen Aufmerksamkeit erregte. Nur ganz selten sei er abgewiesen worden, wenn er um Spenden bat, berichtet Botzenhart. Nicht nur in Söflingen, sondern auch in Ulm, wo er sowohl für den Stiftungslehrstuhl, als auch für den Ludwig-Erhard-Lehrstuhl der Ulmer Universität erfolgreich beim Sammeln war. Rund 1,5 Millionen Euro hat das Engagement von Udo Botzenhart und seinem Mitstreiter Karl-Heinz Haug für mukoviszidosekranke Kinder und Jugendliche inzwischen eingebracht. Einer seiner großzügigsten Geldgeber habe bei seinem Erscheinen nur noch gefragt: wie viel brauchsch?

Söflingen – eine ganz besondere Heimat

Das Söflinger Netzwerk

Kirche, Feuerwehr und die vielen Vereine sind die Grundpfeiler, aus denen das Söflinger Zusammengehörigkeitsgefühl auch heute noch erwächst. Viele junge Leute sind in der Katholischen Jungen Gemeinde, KJG, aktiv, fast alle seit ihrem neunten Lebensjahr, seit ihrer Kommunion. Aus Kindern werden Gruppenleiterinnen und Gruppenleiter, weil es Freude macht, sich für andere einzusetzen und etwas zu organisieren. Da entstehen Freund- und Seilschaften, die oft ein Leben lang halten. Es wachsen junge Leute nach, die sich in den Dienst der Gemeinschaft stellen und Ehrenämter übernehmen. Christof Nagel, 22 Jahre alt, Jurastudent und seit Frühjahr 2009 Vorsitzender des Vorstadtvereins, kommt von der KJG und der Söflinger Feuerwehr, ein weiteres Band, das Jung und Alt in der Vorstadt zusammenschweißt, oft über viele Jahre. Auch Michael Kaupper, der Schatzmeister des Vorstadtvereins, gehört zu den jungen Leuten, die dafür sorgen werden, dass Söflingen auch in Zukunft Söflingen bleiben wird. Die meisten Söflinger sind zudem nicht nur in einem, sondern in zwei oder drei Vereinen, in denen die neu Zugezogenen rasch integriert werden, wenn sie wollen. Man kennt sich und packt gemeinsam an, wenn nötig.
„Viele hundert haben an der Erfolgsgeschichte der Vorstadt mit geschrieben, die heute Ulms beliebtestes Wohngebiet ist, ihnen allen gilt mein Dank", betont Udo Botzenhart.

Der Vorstadtverein – Udo, der Menschenfänger

Weil die Stadt Ulm 1955, als das 50-jährige Fest der Eingemeindung gefeiert werden sollte, in Söflingen keinen Ansprechpartner zu finden vermochte, fiel das Jubiläum schlichtweg ins Wasser. Mit der Gründung des Vorstadtvereins noch im gleichen Jahr als Dachverband aller 26 Söflinger Vereine und ihrer über 10.000 Mitglieder wollte Botzenhart einmal eine Stelle schaffen, die diesem Manko abhilft und die darüber hinaus die Belange Söflingens gegenüber der Ulmer Stadtverwaltung und in der Öffentlichkeit mit einer, nicht zu überhörenden Stimme vertritt. Das klappte von Anfang an, die Festivitäten zur Eingemeindung wurden später nachgeholt, die gesteckten Ziele, wie Klosterhof-Sanierung, Erweiterung der Meinloh-Turnhalle, Ortskernsanierung, Bau der Leichenhalle, für die der Verein 250 Stühle spendete, sind erreicht worden. Zum anderen wollte Botzenhart verhindern, dass jeder Verein sein eigenes Süppchen kocht und versucht, den anderen Konkurrenz zu machen.

Auch das sei weitgehend gelungen, betonte im Frühjahr 2009 Walter Gaengler, als er den Vorsitz wegen beruflicher Arbeitsüberlastung abgab. Nicht ohne Botzenhart in den höchsten Tönen zu loben, weil der immer da sei, wenn man ihn brauche, weil es dem „Menschenfänger" Udo stets gelungen sei, die Leute für seine Ideen zu begeistern und zur Mitarbeit oder zum Spenden zu bewegen und weil der 87-Jährige nicht geruht und gerastet habe, bis er einen passenden Nachfolger für den Vorstand gefunden hatte. Botzenhart habe Visionen, sei seiner Zeit immer voraus. Ein markiger Typ mit Ecken und Kanten, der etwas riskiere und nicht klein zu kriegen sei. *„Ich bin froh, dass ich ihn kennengelernt habe!"*

Beim Umzug zur Feier von 125 Jahren TSG Söflingen durfte Udo Botzenhart nicht fehlen, weder in natura, ...

„Wir Söflinger"

... noch als Pappkamerad.

Ein Mann – ein Wort

Udo Botzenhart ist ein Mensch, der zu seinem Wort steht, ob er es sich oder anderen gegenüber gegeben hat. Als er nach der Beerdigung des großen Ulmer FWG-Mannes Carl Ebner hinter zwei Stadträten herging, die sich fragten, wie es nun bei der FWG weitergehen soll, hörte er: *„Das wird halt der Botzenhart machen, aber ob der das kann, ist denn doch die Frage"*. Denen werde ich's zeigen, hat er sich damals geschworen und das nie vergessen. So hat er allen und sich selbst immer wieder beweisen müssen, dass er es kann, besser als alle anderen. Er duldete keine Konkurrenz neben sich, musste stets der Platzhirsch in seinem Revier sein, ob in der FWG-Fraktion oder in Söflingen. *„Ich bin halt ehrgeizig,"* gibt er zu, aber auch, dass er sich dadurch eine Menge Feinde geschaffen hat.

Die Zahl der Freunde dürfte aber um ein Vielfaches größer sein. Wenn der 87-Jährige flotten Schrittes mit Stock und Hut durch sein Gäu marschiert, Auto darf er nach zwei Schlaganfällen und einem Herzinfarkt nicht mehr fahren, wird er aus den Vorgärten heraus freudig begrüßt und immer wieder wird ihm gedankt. Zum Beispiel für die Garage. Damals, vor fast 50 Jahren, seien die Herren vom Bauamt hier gestanden und hätten erklärt, so gehe das nicht mit dem Garagenbau. Da sei der Udo vorbeigekommen, habe sich das angehört und schließlich, keinen Widerspruch duldend, erklärt, dass das so zu bauen sei, wie der Besitzer es wünsche. Basta. Hut auf und weg war er. Und als er beim Ausbau der Schlösslesgasse auf eine Gruppe von Anliegern traf, die sich über das schmale Trottoir beschwerten, stieg er ins Auto, kam mit ein paar Kisten Bier zurück, die er den Arbeitern mit der Anweisung übergab, sie sollten das mal so machen, wie die Leute es wollen. Was auch geschah. Ohne den Udo, der sich täglich vor Ort um alles kümmerte, wäre die Vorstadt durch den Straßenbau viel länger blockiert gewesen, erinnert sich Adolf Aigner, ehedem Vorstand des Vorstadtvereins.

Immer ein offenes Ohr und jederzeit erreichbar

Vor der ersten Wahl zum Gemeinderat 1956 hatte Botzenhart den Wählern versprochen, als Stadtrat werde er Mittler sein zwischen den städtischen Ämtern und dem Bürger, er werde stets ein offenes Ohr für die Wünsche der Leute haben und für jedermann erreichbar sein. Ein Wort, das er fürwahr gehalten hat bis ins hohe Alter. Noch heute bedauert er, dass die Sprechstunden der Vorstadt-Stadträte, die Ende der 1950er Jahre im Söflinger Rathaus stattfanden, und bei denen die Leute vor seiner Tür Schlange standen, wieder abgeschafft wurden. Damals ging es vor allem um Baugenehmigungen für Garagen. Da habe oft ein Anruf genügt, um zu helfen. Bis heute wenden sich Wohnungssuchende an ihn. Als Aufsichtsrat der Wohnungs- und Siedlungs-Gesellschaft mbH gelang es ihm, viele Wünsche zu erfüllen.

Zwei, um die sich in Söflingen vieles dreht: der Udo und der Klosterhof.

Heißes Thema war lange Jahre der Ausbau von Dachgeschossen. Durch Hartnäckigkeit, oft auch durch Einschalten des Oberbürgermeisters, ging es schließlich in Söflingen damit voran, was auch Einfluss auf die gesamte Stadt Ulm hatte. Botzenhart war Ansprechpartner für alle Sorgen und Nöte der Bürger, vom Blumenkübel bis zum Verkaufsschild. Unabhängig von Rang und Namen habe er sich eingesetzt und die Interessen der Betroffenen vertreten, nicht immer zur Freude der städtischen und staatlichen Angestellten, erinnert sich Hermann Brachmann von der Sanierungstreuhand Ulm. Als sich die Söflinger Weiblichkeit vehement gegen das vom Denkmalamt vorgeschriebene Pflaster für den Fußweg durch den Klosterhof wehrte, ging Botzenhart wieder einmal sammeln und setzte durch, dass eine Seite des Wegs mit frauenschuhfreundlichen, aber teureren Steinplatten belegt werden konnte. Auch wenn ihm einmal im Baindtle der Hut vom Kopf geschlagen worden war, weil die Bewohner nichts Gutes an einer eventuellen Sanierung zu entdecken vermochten, Botzenhart war ein Kämpfer für die Sanierung Söflingens, nachdem er davon überzeugt worden war, dass die Vorstadt davon nur profitieren würde.

Ich schwör, das kommt nie wieder vor
Dann ging es dem rastlosen Stadtrat oft nicht schnell genug. Die Torstraße wäre heute noch nicht umgebaut, wenn er nicht zur Selbsthilfe gegriffen hätte, da ist sich Botzenhart sicher. Ein Anrainer sollte 90 Quadratmeter abgeben, war dazu aber nur bereit, wenn „so a alts Häusle" auf einem anderen Teil seines Grundstücks wegkäme. Als einige Zeit nichts geschah, machte sich Botzenhart auf nach Tübingen zum Denkmalamt, stellte fest, dass selbiges Häusle nicht im Denkmalbuch stand, ging zu Bauer Bühler und sagte: „Reiß das ab". Baubürgermeister Schaber habe den Verlust nicht einmal bemerkt, wohl aber der Pfarrer Kräutle, der Botzenhart im prall gefüllten Saal des Gemeindehauses die Leviten lesen wollte. Bevor er jedoch so recht loslegen konnte, stand der Udo auf, hob die Hand und erklärte:

Nicht nur vehement, sondern auch mit Erfolg protestierten die Söflingerinnen gegen holprige Pflastersteine auf dem Fußweg durch den Klosterhof, wo für die Damenfüße schließlich Platten verlegt wurden.

Herr Pfarrer, ich schwör, das kommt nicht wieder vor. Setzte den Hut auf und verließ unter dem fröhlichen Gelächter der Gemeinde den Saal. Das hätte auch dumm ausgehen können, denn es ist bei weitem noch nicht alles Erhaltenswerte ins Denkmalbuch aufgenommen worden.

Unter Polizeischutz brachte ihn sein Einsatz für Söflingen nur einmal, als er die Einrichtung eines Bordells auf der Vorstadt-Gemarkung mit Erfolg verhinderte. Sechs Stunden lang demonstrierten die Frauen vor seinem Haus in der Pfarrer-Weser-Straße und als es hieß, die Zuhälter wollten es stürmen, hielten sechs Polizisten die Nacht über Wache auf seiner Terrasse.

Frische Rettiche für „die Geschwollenen"

Den vielen traditionellen Söflinger Festivitäten fügte Udo Botzenhart 1958 eine neue hinzu: den Schwörmontag im Klosterhof. Obwohl zunächst gegen die Ausweitung der Schwörmontagsfeiern gen Westen, erschien Oberbürgermeister Theodor Pfizer mit Gefolge, nachdem er den „Prominentenpferch" auf der Dianawiese in der Friedrichsau verlassen hatte. Die gute Stimmung und die prächtige Kulisse des mit unzähligen Lampions geschmückten Klosterhofs trugen dazu bei, dass das eher etwas spröde Ulmer Stadtoberhaupt den Taktstock ergriff und den „treuen Husaren" des Musikvereins dirigierte, unterstützt von seiner Ehefrau an der großen und General Wagner an der kleinen Trommel. Seither feiern die jeweiligen Stadtoberhäupter und ihre hohen Gäste, vom Ministerialrat

Schwörmontag im Klosterhof, auch eine von Botzenharts erfolgreichen Ideen.

über den Regierungspräsidenten bis zu Bundeskanzler Erhard, aber auch viele städtische Honoratioren den Schwörmontagsausklang im Klosterhof. Bewirtet von Botzenhart, der auf Verlangen für die *„Geschwollenen"* vom Gärtner Nolle rasch noch frische Rettiche herbeischaffen ließ, sowie mit hervorragenden Württemberger Weinen, die der Udo eigenhändig für die Vereine eingekauft hatte. Nicht zuletzt die Qualität der Weine habe das Klosterhoffeiern so menschlich gemacht, meint der begeisterte Viertelesschlotzer Botzenhart.

Kein Zweifel, Udo Botzenhart gibt gerne den Ton an, nicht nur in Söflingen.

Botzenhart als Prophet: Ulm wird Vorort von Stuttgart

Als er nach seinem letzten Aufenthalt in der Uni-Klinik vom Professor wissen wollte, wie er es denn mit dem Wein halten solle, war die Antwort: ein Viertele. *„Sie meinen doch wohl eines am Vor- und eines am Nachmittag"*, vervollständigte Botzenhart den Satz. Wie auch sonst sollte der Udo zwei Skatrunden, drei Stammtische und den Frühschoppen, das alles jede Woche, überstehen? Nur am Montag habe er frei, sagt der 87-Jährige, der noch fast jeden Nachmittag in seinem Büro im Donautal ist. Noch immer setzt er seine Verbindungen ein, um zu helfen. Und er schmiedet Pläne. Die Zukunft Ulms liege im Westen, eine andere Richtung komme für eine Ausdehnung nicht in Frage, sinniert Botzenhart.

Ein Viertele.

Wenn auf der neuen EC-Strecke die Stuttgarter in 29 Minuten Ulm erreichen können, müsse die Stadt an der Donau eine Vorstadtfunktion von Stuttgart übernehmen. Denn viele Leute aus der Landeshauptstadt werden in Ulm wohnen wollen, weil hier die Lebenshaltungskosten weitaus günstiger sind als am Neckar. Und wo gibt es Platz für Wohnbauten in Ulm? In Söflingen, wo die Kohlplatte mit 40 Hektar als ideales Wohngebiet zu Verfügung stehe. Richtung Blautal wäre ein Erholungspark möglich, auf dem ausrangierten Güterbahnhof hätten Wohnhäuser Platz. Da müsse man jetzt ansetzen, redet er sich mit blitzenden Augen in Rage und würde am liebsten mit diesen seinen Vorstellungen ins Ulmer Rathaus marschieren und den Gemeinderat aufmischen.

Aber das ist vorbei. Wie man den Botze kennt, könnte man allerdings darauf wetten, dass es eines Tages so kommen wird, wie er prophezeit.

> **„Sie meinen doch wohl eines am Vor- und eines am Nachmittag"**

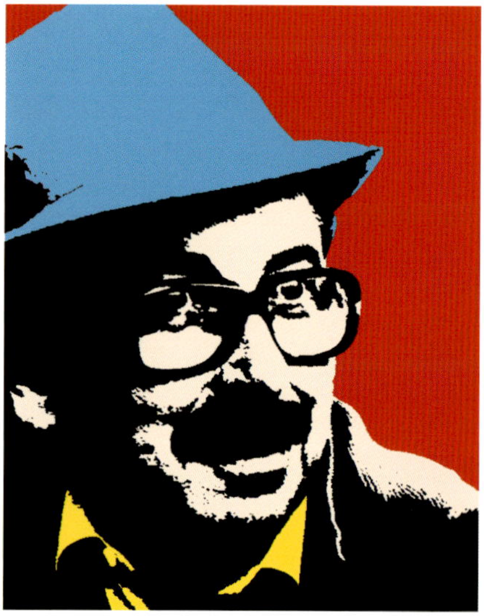

Der engagierte
Kommunalpolitiker

„Herrscher will und muss der Bürger sein."

Wolf-D. Hepach

Die Aufbaujahre

Der Gemeinderat nach 1945

Unmittelbar nach Kriegsende wurde Oberbürgermeister Robert Scholl von einem beratenden Gremium, dem zunächst aus 14, später aus 18 Mitgliedern bestehenden Beirat unterstützt. Darunter befanden sich unbelastete Persönlichkeiten des öffentlichen Lebens, Vertreter wirtschaftlicher und gesellschaftlicher Verbände sowie je ein Vertreter der Vororte Söflingen und Wiblingen. Nachdem schon seit Ende 1945 wieder örtliche Parteigruppierungen zugelassen waren, fanden am 26. Mai 1946 die ersten Gemeineratswahlen nach dem Krieg statt. Von den 36 Sitzen entfielen 16 auf die CDU, acht auf die SPD, sechs auf die DVP, vier auf die FWV und zwei auf die KPD. Die Freie Wählervereinigung hatte sich erst kurz vor den Wahlen gebildet, mit dem Ziel, sich über Parteiinteressen hinweg für die speziellen Anliegen der Bürger einzusetzen. Natürlich boten sich freie Wählervereinigungen auch an, die Partikularinteressen einzelner Gruppen zu verfolgen.

Seit den Gemeinderatswahlen am 7. Dezember 1947 wurden die Gemeinderäte auf sechs Jahre gewählt, nach drei Jahren schied die Hälfte aus, die ihre Amtszeit erfüllt hatte. Bei der Wahl 1947 war auch die Aufbaugemeinschaft der Ulmer (AdU) mit ihrem Spitzenkandidaten Karl Wacker angetreten, die sich dann im Gemeinderat mit der Freien Wählervereinigung (FWV) als Freie Wählervereinigung (FWG) zu einer Fraktionsgemeinschaft mit nunmehr sechs Sitzen zusammenschloss. Damit zeigte sich schon früh das Prinzip der Freien Wähler, *„Getrennt marschieren, vereint schlagen"*, das ja bis heute gilt.

Die Freien Wählergemeinschaften nach 1950

Ab 1950 nahm die Politisierung der Gesellschaft zu. In den Kommunen machte sich dies auf mehreren Ebenen bemerkbar. Zum einen in der Konfrontation der etablierten Parteien mit Freien Wählergruppen, zum anderen in der Zunahme der Freien Wählergruppen aus dem Bereich der Flüchtlinge und Vertriebenen, und schließlich, ganz im Sinn der Alliierten Besatzungsmacht, in einem allenthalben zu beobachtenden demokratischen Engagement verschiedener gesellschaftlicher Gruppen.

Was die Auseinandersetzung der Parteien betraf, gab es in den Landesgesetzgebungen gravierende Unterschiede. So billigte etwa das nordrhein-westfälische Kommunalwahlgesetz von 1952 ausschließlich politischen Parteien das Recht zu, Wahllisten aufzustellen. Ähnliches galt in Niedersachsen und im Saarland. Ende der 1950er Jahre gab es in einigen Ländern verstärkte Bemühungen der Parteien, die Freien Wählergruppen aus den Rathäusern zu drängen. Erst das Urteil des Bundesverfassungsgerichts vom 12. Juni 1960 stellte in den Kommunen im Sinn der Chancengleichheit und des Prinzips der Selbstverwaltung Parteien und Freie Wählergruppen gleich.

Anders war die Lage in Süddeutschland, wo besonders in Baden und Württemberg seit dem 19. Jahrhundert eine durchgehende demokratische Traditionslinie bestand. Der in der württembergischen Verfassung von 1819 verankerte Grundsatz *„Die Gemeinden sind die Grundlagen des Staatsvereins"*, entfaltete sich in der Folgezeit bei zunehmender Selbstverwaltung der Gemeinden in erfreulicher Weise. 1949 wurde das Prinzip der Selbstverwaltung im Grundgesetz verankert, und in der baden-württembergischen Gemeindeordnung von 1956 wird im §1 erneut die Bedeutung der Gemeinden festgeschrieben. Unter anderem heißt es dazu: *„Die verantwortliche Teilnahme an der bürgerschaftlichen Verwaltung der Gemeinde ist Recht und Pflicht des Bürgers."*

Das haben sich die Freien Wähler in Baden-Württemberg zu Herzen genommen, denn mit heute 44 Prozent stellen sie die Mehrheit der Gemeinderäte. Anders als etwa in Bayern, haben sie aber bislang nie eine Vertretung im Landesparlament angestrebt. Besonders hervorzuheben ist auch noch, dass Ulm im Vergleich mit den anderen baden-württembergischen Stadtkreisen die höchste Anzahl von Gemeinderäten Freier Wählervereinigungen aufweist.

Seit 1946 konnten Parteien und Freie Wählergruppen gleichberechtigt Wahllisten für Gemeinderatswahlen aufstellen. Bereits 1951 gab es in Ulm vier freie Listen. Und zwar die Freie Wählervereinigung (FWV) und die Aufbaugemeinschaft der Ulmer (AdU), die sich unter dem Vorsitz von Otto Elsässer zur Freien Wählergemeinschaft (FWG) zusammengeschlossen hatten, sowie die Überparteiliche Bürgerrechtsgemeinschaft (ÜBRG) und die Überparteiliche Liste der Heimatvertriebenen und Sowjetzonenflüchtlinge (ÜLdH). Sie alle bildeten nach bekanntem Muster im Gemeinderat eine Fraktionsgemeinschaft, die es immerhin auf elf Sitze brachte.

Begleitet war diese Entwicklung von einer aus heutiger Sicht bemerkenswerten bürgerschaftlichen Anteilnahme an kommunalen Angelegenheiten und demokratischer Bewusstseins- und Willensbildung. Man denke nur an die Gründung der Volkshochschule, die politischen Arbeitskreise Ulmer Schüler, die Auseinandersetzungen des Vereins Alt-Ulm mit der Gesellschaft 50, die zahlreichen Bürgerversammlungen sowie die von Oberbürgermeister Pfizer initiierten Versammlungen für Bürgerinnen und die Jungbürgerfeiern. Verbunden mit dem erwachenden Selbstbewusstsein in den Stadtteilen und Vororten summiert sich das zu einer nachhaltigen kommunalpolitischen Aufbruchsstimmung.

Die Ulmer FWG wollte in dieser Richtung sogar noch einen Schritt weiter gehen. Zur Stärkung des bürgerschaftlichen Gemeinschaftsgefühls schlug sie die Einrichtung von Ausschüssen vor, mit Vertretern des Gemeinderats, der Verwaltung und der Bürgerschaft. Dieses an direkter politischer Teilnahme orientierte Modell lief allerdings den Interessen des Gemeinderats als Repräsentativorgan genauso zuwider wie dem Selbstverständnis der Verwaltung. Nach teilweise heftigen Auseinandersetzungen in der Bürgerschaft und im Gemeinderat wurde dieser Vorstoß zurückgewiesen. Die Auseinandersetzungen darüber gingen jedoch unvermindert weiter.

Die am 1. April 1956 in Kraft getretene Gemeindeordnung sah nämlich vor, dass sich Gemeinden mit mehr als 3.000 Einwohnern in ihrer Hauptsatzung entweder für die Gemeinderatsverfassung oder die Bürgerausschussverfassung entscheiden konnten. Dabei wurden natürlich Erinnerungen an die Bürgerausschüsse des 19. und frühen 20. Jahrhunderts im Königreich Württemberg wach. Sie waren damals von liberalen Verwaltungsreformern zur Stärkung des bürgerschaftlichen Engagements als Zustimmungs- und Kontrollorgane eingerichtet worden, erwiesen sich aber angesichts der demokratischen Entwicklung nach 1945 nicht mehr als unbedingt notwendig. So sprach sich Oberbürgermeister Pfizer klar für die Gemeinderatsverfassung aus. Da für Bürgerausschuss und Gemeinderat das gleiche Wahlrecht galt, sah er auf Seiten der Wähler und der Kandidaten die Gefahr mangelnder Bereitschaft zur Mitarbeit, aber auch die der Überbeanspruchung. Während er deshalb einen starken Gemeinderat und entscheidungsbefugte Ausschüsse wollte, lehnte die FWG den diesbezüglichen ersten Entwurf der Hauptsatzung ab. Sie plädierte in dieser Angelegenheit für einen Bürgerentscheid.

Am 30. Mai 1956 stellte sie deshalb den Antrag, die Bürgerschaft über die Einrichtung eines Bürgerausschusses abstimmen zu lassen. Unterstützt von Carl Ebner plädierte Otto Elsässer in der Gemeinderatssitzung am 19. Juli 1956 zwar vehement für den Antrag, der aber keine Mehrheit fand. Damit war der Weg frei für die Gemeinderatsverfassung und der auf dieser Grundlage erstellten Hauptsatzung, die im Sinne direkter Bürgerbeteiligung schließlich doch auch einen Bürgerentscheid vorsah. Die im Gemeinderat bisher als Mitgliedervereinigung bezeichneten Parteien und Gruppierungen führen, nun in strafferer Form, seit Juni 1957 die Bezeichnung Fraktion.

Die Unabhängige Wählervereinigung Söflingen (UWS)

Söflingen war 1905, Wiblingen 1926 eingemeindet worden. Den Verlust der Eigenständigkeit der Orte und den Markungsgewinn kompensierte die Stadt mit Zugeständnissen in der Verbesserung der Infrastruktur und der Zusage, dort einen eigenständigen Verwaltungsmittelpunkt, also ein Rathaus, zu belassen. Dies wurde in der Folgezeit langsam aber sicher immer mehr ausgehöhlt. Nach 1945 blieben schließlich noch einige Ämter, dann eine Geschäftsstelle, schließlich reduzierte sich die Präsenz der Verwaltung auf Sprechstunden von Gemeinderäten oder Amtsträgern. Dieses Angebot wurde von den Bürgern allerdings kaum noch genutzt. So vollzog sich das gesellschaftliche und gesellige Leben in den Vororten in einem traditionell regen Vereinsleben. Auf der politischen Ebene hatte Söflingen einen Vertreter im Gemeinderat, während sich die interessierten Bürger sporadisch in Versammlungen zusammenfanden.

Als 1955, nun schon etwas leichteren Herzens, an 50 Jahre Eingemeindung von Söflingen erinnert werden sollte, konnte dies nicht entsprechend organisiert werden, da der Stadt ein Ansprechpartner fehlte. Dies führte zur Gründung des Vorstadtvereins Söflingen, in dem die Interessen aller 25 Vereine gebündelt wurden und der als Gesprächs- und Verhandlungspartner der Stadt fungierte. Mit dem Ergebnis, dass 1956 die Heimatwoche in festlicher Form nachgeholt wurde. Damit war es jedoch nicht getan, denn das gestiegene politische Selbstbewusstsein verlangte auch nach größerer Repräsentanz im Ulmer Gemeinderat.

Gemeinderatssitzung, 1956.

Im Kreis der aktiven Söflinger Bürger rückte nun Udo Botzenhart an eine zentrale Stelle. Der erfolgreiche Brennstoffhändler und spätere Spediteur war ausgesprochen gesellig, an manchem Stammtisch zuhause und litt schon damals nicht an mangelndem Selbstbewusstsein. Dies war offensichtlich auch dem damaligen Fraktionsvorsitzenden der Ulmer FWG, Otto Elsässer, und dem ebenfalls renommierten FWG-Mann Carl Ebner bekannt. Sie sprachen Botzenhart auf eine Kandidatur an, um die FWG in Söflingen besser zu verankern. So wie die Dinge lagen, war der Listenplatz jedoch wenig erfolgversprechend. Der findige Botzenhart zog daraufhin die Gemeindeordnung von 1956 zu Rate und fand dort auch die Lösung. Söflingen konnte als Wohnbezirk der Stadt eine eigene Liste aufstellen. Nach Zustimmung von Elsässer und Ebner gründete Udo Botzenhart gemeinsam mit Karl Stauss, Eugen Diebold und August Rampf die Unabhängige Wählervereinigung Söflingen (UWS), die in ihrem Programm stolz formulierte: *„Herrscher will und muss der Bürger sein"*. Im Übrigen sah die UWS die Interessen Söflingens *„als absolut unzureichend vertreten"* an und verlangte angesichts von knapp 11.000 Einwohnern ein Achtel der Sitze im Gemeinderat. Mit diesem Anspruch trat die neue Gruppierung bei den Gemeinderatswahlen im November 1956 an. Die Rechnung ging zwar nicht ganz auf, aber wenigstens wurde Udo Botzenhart gleich beim ersten Mal gewählt.

Wie er sich seine Tätigkeit vorstellte, machte er sofort unmissverständlich klar. Da er Söflingen im Rahmen der Schwörmontagsfeiern angemessen beteiligt sehen wollte, bat er die Stadtverwaltung um den Bau eines Podests auf dem Klosterhof und entsprechenden Fahnenschmuck. Als der etwas überraschte Oberbürgermeister Pfizer das Ansinnen ablehnte, verkündete Botzenhart: *„No feired mir ohne Fahna, ond des Podest bauet mir selber"*. Worauf nicht nur die Genehmigung kam, sondern auch die Ulmer Stadtspitze samt Gefolge zum Ausklang des Schwörmontags im Klosterhof erschien. Mit dieser auch für spätere Anlässe beispielhaften Inszenierung betraten Söflingen und Udo Botzenhart die kommunalpolitische Bühne. In der Folgezeit waren dann am Schwörmontag ab 21:00 Uhr auf dem übervollen Klosterhof immer Sitzplätze frei, wenn „höhere" Ulmer mit ihrem Gefolge auftauchten. Dafür sorgte Botzenhart, der nichts dem Zufall überließ. Er bat nämlich Jugendliche seiner TSG Söflingen sozusagen als Platzhalter zu fungieren, die dann just in diesem Augenblick den Heimweg antraten, als die Ulmer Delegation eintraf.

„ No feired mir ohne Fahna ond des Podest bauet mir selber "

Die ersten Jahre im Gemeinderat

Als Udo Botzenhart in den Gemeinderat gewählt wurde, herrschte im ersten Nachkriegsjahrzehnt im Blick auf die wirtschaftliche und bauliche Entwicklung der Stadt weitgehende Übereinstimmung zwischen Gemeinderat und Verwaltung. Natürlich gab es auch hitzige Wortwechsel und kontroverse Debatten. Sie wiesen jedoch ein beachtliches Niveau in der Gesprächs-und Debattenkultur auf. Dafür sorgten eine Reihe namhafter Persönlichkeiten jeder Couleur. Etwa Herbert Wild, Franz Wiedemeier, Karl Ruess oder Hugo Roller. In der FWG-Fraktion der Vorsitzende Otto Elsässer und die Herren Carl Ebner, Albert Wieland, Otto Fischer oder Franz Bollinger. Ebner setzte seinerzeit, auch in seiner Eigenschaft als Vorsitzender des Verkehrsvereins, in jahrelangem Bemühen gegen beachtliche Widerstände in der Verwaltung und im Gemeinderat 1955 den Bau des Münsterpavillons durch. Er nahm aber auch mit prophetischem Weitblick seine Entfernung in Kauf, wenn in Zukunft einmal etwas anderes entstehen sollte. Was mit dem Bau des Stadthauses dann ja auch tatsächlich geschah. Mit der netten Pointe, dass der Verein Alt-Ulm, der 1955 vehement gegen den Pavillon opponiert hatte, nun seinen Erhalt wünschte, um das ungeliebte Stadthaus zu verhindern.

Ebner war 1956 auch Gründungsmitglied des württembergischen Landesverbandes der Freien Wähler sowie stellvertretender Vorsitzender, und er wurde später zum Ehrenvorsitzenden ernannt. Übrigens gehörte später auch Udo Botzenhart viele Jahre dem Vorstand des Landesverbands an. Nach Elsässers Tod übernahm Ebner 1962 den Fraktionsvorsitz der Ulmer FWG, den er bis zu seinem frühen Tod im Mai 1966 innehatte. Man sieht, es gab in jenen Jahren für jüngere, aufstrebende Gemeinderäte viel zu lernen. Verlangt war aber auch die Bereitschaft, Verantwortung zu übernehmen, denn Anfang der 1960er Jahre bahnte sich ein Generationswechsel an.

Einer der jüngeren war der ebenso umtriebige wie ehrgeizige Udo Botzenhart. Erfolgreicher Geschäftsmann mit ausgeprägt kaufmännischem Denken, Mitglied, aber auch Vorstand in vielen Vereinen, und damit immer mit dem Ohr am Puls des Volkes. Wie gut er Geselligkeit und informelle Kommunikation zu verbinden und zu nutzen verstand, zeigt sich beispielhaft an dem heute noch bestehenden Stammtisch ehemaliger städtischer Amtsleiter, den er ins Leben rief.

Als er Gemeinderat wurde, war, auch im Zeichen des Wirtschaftswunders, die erste Aufbauphase in Ulm abgeschlossen. Bis 1958 waren jährlich 1.000 Wohnungen entstanden, das Industriegebiet Donautal war erschlossen, und der Bau des Westrings stand bevor. Die kurze Zeit des Atemholens nutzten Stadt und Gemeinderat zu einer zukunftsfähigen Bestandsaufnahme in Form zahlreicher Gutachten.

Ein Regionalgutachten der Prognos AG Basel zur demographischen und wirtschaftlichen Entwicklung des Raums Ulm/Neu-Ulm lag vor. 1958 äußerte sich Max Ernst Feuchtinger zum Hauptverkehrsstraßennetz, Walther Lambert zum Öffentlichen Nahverkehr. 1963/64 erstellte Karlheinz Schaechterle ein Gutachten zum ruhenden Verkehr. Alle diese Gutachten wurden in den folgenden Jahrzehnten fortgeschrieben. Wie zu erwarten, führten sie bei allen Beteiligten zu kontroversen Diskussionen. Vor allem natürlich im Gemeinderat.

Modern und lichtdurchflutet präsentiert sich der Münsterpavillon, der im Juli 1957 seiner Bestimmung übergeben wurde. Entworfen hatten ihn die Architekten Lambert von Malsen und Martin Stroheker. Schon 1951 hatte Carl Ebner im Gemeinderat den Bau eines zentral gelegenen Verkehrspavillons beantragt, um den wachsenden Tourismus zu unterstützen. In der Folgezeit geriet das Projekt dann in die Mühlen der Verwaltung und in die Auseinandersetzungen des Vereins Alt-Ulm mit progressiven Architekten.

1956 erreichten die politischen Auseinandersetzungen ihren Höhepunkt, als die Sozialdemokratische Gemeinderatsfraktion statt eines Verkehrspavillons den Bau einer Jugendherberge und forcierten Wohnungsbau forderte. Mittlerweile war der Streit auch in ideologisches Fahrwasser geraten. In diesem Zusammenhang veröffentlichten die Freien Wähler ein Flugblatt mit dem Titel: „Der Verkehrspavillon im Sturm der großen Politik". Stürmisch verlief auch die Sitzung des Gemeinderats am 20. September 1956, in der dann mit knapper Mehrheit der Bau des Pavillons beschlossen wurde.

Die drei ersten
Vorsitzenden der
FWG Fraktion:
Otto Elsässer
1951 bis 1962
Carl Ebner
1962 bis 1966
Udo Botzenhart
1966 bis 1991 und
1994 bis 1999.

Dort war Udo Botzenhart, der katholische Söflinger, 1966 zum Vorsitzenden einer FWG-Fraktion gewählt worden, die nach dem Krieg in ihrem Kern ein Spiegelbild des gutbürgerlichen, protestantischen Ulm war. Programmatisch führte er die traditionell bürgerliche Politik fort: sparsames Wirtschaften, Privatisierung, Bildung von Wohneigentum, überlegte Stadt- und Verkehrsentwicklung und vor allem konstruktive Kontrolle der Verwaltung. Persönlich erwies er sich als ideenreich und durchsetzungsstark. Er erinnert sich, dass er bei der Beisetzung Ebners zufällig ein Gespräch mithörte, in dem er als möglicher Fraktionsvorsitzender genannt wurde. *„Nachfolger wird wohl der junge Botzenhart". „Aber, ich bitte Sie, er ist doch kein Carl Ebner",* bemerkte dazu einer der Gesprächspartner. Nein, ein Ebner war er nicht, aber ein Botzenhart.

Was für ein Theater...

Seine Sozialisation im Gemeinderat erfolgte in den Jahren 1956 bis 1966, als in der FWG-Fraktion Otto Elsässer und Carl Ebner den Ton angaben. Sie stehen beispielhaft für das Engagement und den Stil des Gemeinderats in der Ära Pfizer. Daran erinnert sich Udo Botzenhart bis heute mit Hochachtung. Obwohl kulturelle Fragen nicht unbedingt seine Wunschthemen waren, hat er als Fraktionsmitglied vor allem an zwei wichtigen Entscheidungen mitgewirkt und wertvolle Erkenntnisse gesammelt.

Ein beherrschendes Thema im kulturellen Bereich war der Neubau des Ulmer Theaters. Diskussionen darüber liefen schon seit 1954. Nachdem zunächst als Standort ein Grundstück an der Ecke Olga-/Neutorstraße vorgesehen war, rückte 1958 das Valckenburgufer ins Blickfeld. Sowohl die Verwaltung als auch die FWG-Fraktion setzten sich in der Folgezeit vehement für diesen Standort ein. Unterstützt wurden sie durch ein entsprechendes Gutachten des renommierten Stadtplaners Rudolf Hillebrecht. Bei der Abstimmung am

Gemeinderatssitzung am 12. November 1958. Mit 21:15 Stimmen fiel die Entscheidung zugunsten der Olgastaße als Standort für das neue Theater.

12. November 1958 votierte der Gemeinderat, quer durch die Fraktionen, überraschend mit 21 zu 15 Stimmen für den Standort Olgastraße. Daraufhin stellte die FWG-Fraktion am 21. November 1958 einen Antrag auf Änderung der Hauptsatzung, um in dieser Frage einen Bürgerentscheid durchführen zu können. Obwohl Pfizer über das Abstimmungsergebnis bitter enttäuscht war, widersprach er dem Antrag, da er die Verantwortung des Gemeinderats in einer repräsentativen Demokratie für wichtiger hielt als einen Bürgerentscheid. Die FWG gab schließlich nach, doch Ebner, später auch Botzenhart, sahen den 12. November als *„schwarzen Tag für den Gemeinderat"*.

Den politischen und emotionalen Schlusspunkt setzte Oberbürgermeister Pfizer, der *„törichte Fehler"* in seiner Informationspolitik einräumte. *„So muss ich mich als mitschuldig bekennen, weil ich formale demokratische Dinge überbewertet habe, statt in höherem Ansehen der Demokratie das Beste für die Stadt durch entsprechende Maßnahmen zu verfolgen"*. Das glänzend formulierte Eingeständnis seines edlen Scheiterns in der Standortdebatte war gleichzeitig ein Plädoyer für kommunalpolitischen Pragmatismus. So wie ihn Verwaltung und Gemeinderat an den Tag legten, als sie nun vollen Einsatz für die Planungen des Theaters versprachen.

Obwohl schon 1961 ein Wettbewerb für den Neubau ausgeschrieben worden war, begannen die Baumaßnahmen erst 1967. Zwei Jahre später wurde dann das von Fritz Schäfer entworfene neue Ulmer Theater eröffnet. Damit endete die zwar provisorische, aber künstlerisch überzeugende Nachkriegsphase im Alten Theater in der Wagnerschule. Die Fertigstellung fiel in eine politisch wie kulturell bewegte Zeit. Dies galt auch für die Stadt Ulm, wo sich auf dem Kuhberg die kurze, aber international erfolgreiche Existenz der Hochschule für Gestaltung ihrem Ende zuneigte, während gegenüber auf dem Eselsberg die neue Universität Ulm entstand.

Ulm bekommt eine Universität
Der Gemeinderat hatte sich von 1960 bis 1965 in drei großen Debatten mit der für die Stadt wichtigen Universitätsfrage beschäftigt. Dabei beteiligten sich alle Fraktionen mit großem Engagement. Nach Abwägung des Für und Wider unterstützte der Gemeinderat einmütig die Gründung einer Universität, die von einem eigens ernannten Beauftragten, dem damaligen Rechtsrat und späteren Oberbürgermeister Ernst Ludwig, vorangetrieben wurde.

Mit seinem Beschluss vom 16. Dezember 1966, die Städtischen Kliniken in Universitätskliniken umzuwandeln, sie aber in städtischer Verwaltung zu belassen, erleichterte der Gemeinderat wesentlich die Gründung der Universität. Wie das Protokoll vermerkt, wurde der Beschluss von den Mitgliedern des Gemeinderats und den Zuhörern mit Beifall aufgenommen. Damals überwog natürlich die Freude über die bevorstehende Universitätsgründung und die Hoffnung auf den baldigen Bau einer Universitätsklinik. Im Blick darauf hatte die Stadt die Pläne zum Bau eines großen Krankenhauses auf dem Kuhberg aufgegeben. Da dem Land die Finanzmittel für den Bau der Universität und den Bau einer Klinik aber nicht zur Verfügung standen, begann 1967 im Klinikbereich jene ungute Doppelherrschaft, die zunehmend zur Belastung wurde.

Das Konfliktpotential ergab sich durch teilweise kleinliche Kompetenzstreitigkeiten der Vertragspartner und die ab 1975 rapide steigenden finanziellen Belastungen der Stadt. Die FWG und besonders ihr nunmehr amtierender Vorsitzender Udo Botzenhart dürfen es sich zur Ehre anrechnen, dass sie diese Problematik frühzeitig erkannten und schon 1970 beantragten, die Kliniken auf dem Michelsberg ganz dem Land zu überlassen und die Klinik Safranberg dem Land zu verpachten. In der Folgezeit sah natürlich auch der seit 1972 amtierende Finanzbürgermeister Gerhard Stuber die Belastungen dieses dualen Systems.

Erst 1969 konnte das neue Haus bezogen werden. Der Ulmer Architekt Fritz Schäfer hatte den interessanten Bau entworfen, der schon seinerzeit großen Anklang fand, und bis heute das Stadtbild in markanter Weise prägt. In der Aufnahme wird die Atmosphäre der frühen 1970er Jahre lebendig.

Er arbeitete zielstrebig an einer Lösung, die allerdings langwierige Verhandlungen nach sich zog. So vermochte etwa das Land dem städtischen Vorschlag einer Krankenhausgesellschaft nicht zu folgen.

Mens sana in corpore sano
„Die Ulmer sporttreibende Bevölkerung hat 25 Jahre stillgehalten ... Jetzt muss die Stadt die berechtigten Forderungen erfüllen". So ließ sich der erfolgreiche Fechter und Vorsitzende der TSG Söflingen, Udo Botzenhart, im Juli 1970 in der Südwest Presse vernehmen. Unterstützt wurde er von seinem Fraktionskollegen Reinhard Meinung, der die im gleichen Jahr vollzogene Fusion des SSV Ulm/1846 Ulm mit eingefädelt hatte. Er verkündete lapidar: *„Opas Sportverein ist tot".*

Zwischen 1960 und 1970 führte der Sport in Ulm in der Tat ein Dornröschendasein und hatte, abgesehen von dem einflussreichen Leiter des Schul- und Sportamtes, Arnold Laepple, wenige Fürsprecher auf der kommunalpolitischen Ebene. Dies hing sicherlich auch damit zusammen, dass Oberbürgermeister Pfizer den Sport nicht unbedingt an erster Stelle im Dringlichkeitskatalog der Stadt sah. Aber auch damit, dass der Sportstättenbau in Ulm stagnierte, weil keine größeren Schulbauten mehr entstanden. Die Symbiose Schulraum und Sportstättenbau hatte

Ob Hochschulfragen oder grenzüberschreitende Partnerschaft mit Neu-Ulm und der Region, Verwaltung und Gemeinderäte waren gefordert. Hier sind Oberbürgermeister Dietrich Lang, Neu-Ulm, Ernst Ludwig, Geschäftsführer der Regionalen Planungsgemeinschaft und Theodor Pfizer bei einem Pressegespräch, 1970.

Stabübergabe beim Staffellauf. Der passionierte Fechter Udo Botzenhart hier einmal in anderer Funktion. Im Hintergrund freut sich der Leiter des Ulmer Schul-und Sportamts, Arnold Laepple.

bislang sehr gut funktioniert. Doch angesichts der wachsenden Freizeit und der differenzierten Angebote der Großvereine begann sich der ganze Sport-und Freizeitbereich zu ändern. Darauf hatte Laepple schon 1963 vor dem Gemeinderat eindringlich hingewiesen, als er in Abkehr vom Bau isolierter Sportstätten die Einrichtung von Bezirkssportanlagen forderte, die Alt und Jung gleichermaßen dienten. Im Blick darauf verlangte die FWG-Fraktion ein stärkeres finanzielles Engagement der Stadt beim Bau von Sportstätten und Freizeitanlagen, etwa in Wiblingen oder am Kuhberg, sowie bei der Unterstützung der Vereine.

Gleichzeitig galt es, das Modell „Zweiter Weg" auszubauen, das für all jene konzipiert war, die keinem Verein angehörten, und das in Ulm vorbildlich funktionierte. Die Organisation lag bei der Stadt, die Durchführung der Sportkurse bei den Vereinen. Die Frage der Sportförderung und der Bau von Sportanlagen war, auch in der Folgezeit, eine Spielwiese so recht nach Botzenharts Geschmack. Dort konnte er als Interessenvertreter der Sportvereine ebenso Punkte sammeln wie als gewählter Vertreter der Bürgerschaft. Und die hat er in der Folgezeit auch wirklich gesammelt. Denn immer wenn es darum ging, das Bewusstsein für aktives Freizeitverhalten zu schärfen und die nötigen Einrichtungen zu schaffen, hat er seine Stimme unüberhörbar erhoben. Nicht zuletzt als Vorstand „seiner" TSG Söflingen, die er über Jahrzehnte zu einem Musterverein neuer Prägung ausbaute.

Hans Lorenser und Udo Botzenhart

Hans Lorenser wird neuer Oberbürgermeister

Nach dem Ausscheiden von Theodor Pfizer im Jahr 1972 kandidierten neben dem bisherigen Ersten Bürgermeister, Hans Lorenser, CDU, der Wiesbadener Magistratsdirektor Theo Eberle, den die SPD ins Rennen schickte, und der „Remstalrebell" Helmut Palmer. Der Wahlkampf war überwiegend sachlich und informativ, nahm zeitweilig aber auch folkloristische Züge an. Natürlich gab es auch verbale Attacken von Seiten der SPD. Vor allem in Richtung Udo Botzenhart. Die gesamte FWG-Fraktion sprach sich nämlich öffentlich für Lorenser aus und handelte sich damit den Vorwurf der Parteilichkeit ein. Damit nicht genug, fungierte Botzenhart völlig unbeeindruckt als Leiter der Wahlkommission seines Freundes Lorenser. Dies veranlasste Eberle zu der Bemerkung, dass nicht Udo Botzenhart den *„neuen Ulmer Stil prägen"* dürfe. *„Herr Lorenser wäre dann, was er eigentlich nicht sein möchte, für die nächsten Jahre Galionsfigur einer grauen Eminenz".*

Obwohl Rolf Dick einen „CDU/FWG-Filz im Ulmer Rathaus" befürchtete, bekam Hans Lorenser 63,5 Prozent der Stimmen, Theo Eberle, trotz eines engagierten Wahlkampfs, nur 31,3 Prozent. Lorenser amtierte dann so, wie er es versprochen hatte. Ohne Rücksicht auf eine Partei, im Dienst der gesamten Bürgerschaft. Mit einem von ihm geprägten Stil größerer Bürgernähe, die nach der eher sachlich-nüchternen, aber intellektuell und kulturell anspruchsvollen Ära Pfizer gut ankam.

Im Wahlkampf um die Nachfolge von Oberbürgermeister Theodor Pfizer agierte Udo Botzenhart an prominenter Stelle für seinen Freund Hans Lorenser. Dabei war er vor allem den polemischen Attacken des Ulmer SPD-Bundestagsabgeordneten Karl Hans Kern ausgesetzt, der ihm die Mentalität eines „Spießbürgers" bescheinigte. Und Hans Lorenser musste sich anhören, dass er wohl keine „rußfreie Stadt" fordern könne, wenn er von einem Brennstoffhändler, Kohle und Heizöl, unterstützt werde.

Dann holte Udo Botzenhart zum folkloristischen Gegenschlag aus. Zum Gaudium der Besucher einer Wahlveranstaltung im Kornhaus im Mai 1972, erschien er als Ölscheich verkleidet, um so seiner Verbindung zum Ölgeschäft sichtbaren Ausdruck zu verleihen. Vor allem aber, um seine vermeintliche Spießbürgerlichkeit anschaulich zu widerlegen.

66 | Der engagierte Kommunalpolitiker

Bei der Schwörfeier im Juli 1972 erhielt der scheidende Oberbürgermeister Theodor Pfizer die Ehrenbürgerwürde der Stadt Ulm. Als Repräsentant des Gemeinderats überreichte Udo Botzenhart den Ehrenbürgerbrief, der mit den Worten endete, … „dass er in Wort und Tat für Ulm einen besonderen Stil prägte und im Schwörmontag das reichsstädtische Verfassungsfest mit neuem Leben erfüllte, dem Manne, der sich um die Stadt verdient gemacht hat".

Wenig später konnte er dem neuen Oberbürgermeister, Hans Lorenser, gratulieren. Dies mit großer Freude. War er ihm doch nicht nur freundschaftlich verbunden, sondern hatte ihn, wie die gesamte FWG, im Wahlkampf vehement unterstützt.

Ein echter Söflinger und guter Ulmer Bürger

So würdigte ihn sein Fraktionskollege und Freund Hans Anger. Anlass war der 50. Geburtstag von Udo Botzenhart, der 1972 natürlich gebührend gefeiert wurde. Höhepunkt war sicher die Verleihung des Bundesverdienstkreuzes mit dem Verdienstorden am Bande. Sein Freund, der damals noch Erste Bürgermeister Hans Lorenser, war des Lobes voll: *„Es gibt in Ulm nur sehr wenige Bürger, die sich für diese Stadt so engagieren, wie das Udo Botzenhart jeden Tag tut"*. Wie groß die Zuneigung der Fraktion war, brachte Reinhard Meinung zum Ausdruck, als er in launigen Worten vom *„hohen Fürsten"* sprach, der eines Tages *„Ulm nach Söflingen eingemeinden"* könnte. Als Geschenk überreichte er *„die ganze Helligkeit der Fraktion"*, nämlich eine Tischlampe. All dies waren Zeichen der Wertschätzung dafür, dass es Botzenhart seit 1966 gelungen war, die Fraktion, immerhin die größte in einem württembergischen Rathaus, zu einer Gemeinschaft zusammenzuschweißen und sie als schlagkräftige „dritte Kraft" neben der CDU und SPD zu etablieren.

„Ein echter Söflinger und guter Ulmer Bürger" feierte 1972 seinen 50. Geburtstag. Im Bild die Gratulanten v. li. Fritz von Neubeck, Paul Kühmstedt und Hans Anger.

Sein Einsatz war in der Tat unermüdlich, sein Einsatzgebiet unbegrenzt. Ein Beispiel: 1972 war die Einrichtung eines Eros-Centers in der Blaubeurer Straße geplant. Die aufrechten Söflinger gingen sofort auf die Barrikaden. Angeführt von Udo Botzenhart, der umgehend bei der Stadtverwaltung vorstellig wurde und in einen ausführlichen Briefwechsel mit dem Regierungspräsidium eintrat. Dabei argumentierte er in nachvollziehbarer Weise, dass ein derartiges Etablissement *„nur oberflächlich mit einem Gewerbegebiet in Verbindung"* gebracht werden könne. Er wies auch gleich auf Ausweichgebiete weit ab von Söflingen in der Stadt hin, was natürlich eine Flut wütender Leserbriefe der dort Betroffenen auslöste. Als zweifellos interessante Lösungsvariante schlug er die Aufstockung eines Parkhauses vor, in dem auf diese Weise nicht nur die Parkdecks dem ruhenden Verkehr dienen sollten. Einen geradezu dramatischen Höhepunkt erreichte die Kampagne, als eine Abordnung der betroffenen Damen das Wohnhaus von Botzenhart, allerdings erfolglos, belagerte. Das Eros-Center wurde damals nicht eingerichtet. Fährt man allerdings heute durch die Blaubeurer Straße, sieht man, dass sich die Zeiten geändert haben.

Botzenhart war jedoch nicht nur in der kleinen Welt Söflingens zuhause. Welch gute Verbindungen auch über die Stadt- und Landesgrenzen hinaus bestanden, zeigt das Glückwunschtelegramm, das ihm Altbundeskanzler Ludwig Erhard *„in menschlicher Verbundenheit"* sandte. Da erinnert man sich auch an eine denkwürdige Begegnung der Herren Erhard, Botzenhart und Barzel in Bonn. Damals stellte Ludwig Erhard Udo Botzenhart als *„Fürst von Söflingen"* vor. Daraufhin Rainer Barzel: *„Guten Tag, Herr Fürst"*. Später pflegte Botzenhart auch gute Beziehungen zu Lothar Späth und Erwin Teufel, denen er bis heute verbunden ist. Als Ludwig Erhard 1977 starb, legte er bei der Beerdigung in Tegernsee einen Kranz der Stadt Ulm nieder.

Udo ist nicht zufrieden, wo der Bartels den Most holt

1967 übernahm Hans Bartels, bisher Leiter des Planungsamts in Düsseldorf, das Amt des Stadtbaudirektors in Ulm. Im überschaubaren Ulm wollte er die städtebauliche Entwicklung in ihrer gesamtgesellschaftlichen Einbindung praxisnah umsetzen. Während Alexander Mitscherlich damals von der *„Unwirtlichkeit der Städte"* sprach, propagierten die Städteplaner zur gleichen Zeit *„Urbanität durch Dichte"*, also massierten Wohnungsbau mit daraus folgenden Infrastruktureinrichtungen. Plakativer Gegenentwurf dazu war etwa das gemütliche Eigenheim schwäbischer Provenienz. Da sich Bartels als vorsichtiger Befürworter verdichteten Bauens zu erkennen gab, war angesichts der geplanten Satellitenstädte am Tannenplatz in Wiblingen und am Eselsberg der Konflikt mit der FWG vorprogrammiert. Während die FWG in Ulm und den Vororten eine organische Weiterentwicklung wie in Söflingen oder dem östlichen Eselsberg wollte, war Bartels für sie, mit allen ideologischen Implikationen, ein typischer Vertreter der Planungseuphorie jener Jahre. Dabei äußerte sich Bartels in mehreren Interviews im Ulmer Forum sehr differenziert über die vielfältigen Probleme der Stadt, vor allem zur Verkehrslage und über den notwendigen Sanierungsbedarf der Innenstadt.

Die im Zuge der Ulmer Universitätsgründung erwartete Bevölkerungszunahme führte Ende der 1960er Jahre am Eselsberg zu einem Spekulationsboom, an dem wesentlich die Neue Heimat beteiligt war. Sie erwarb neben dem Gewann „Häringsäcker" weitere Grundstücke auf Ulmer und Ehrensteiner Markung. Angesichts der hohen Grundstückspreise hielt sich das Städtische Liegenschaftsamt klugerweise zurück. 1972 legte die Neue Heimat dann einen Bebauungsplan für eine Trabantenstadt am Eselsberg vor. Er war Teil eines Konzepts, das im Rahmen der Bildungsreform der frühen 1970er Jahre durch die Landschaft geisterte. Neben der erhofften Rettung der HfG sollten die in einer Gesamthochschule vereinigten Fachhochschulen Ulm und Biberach sowie die Universität auf dem Eselsberg einen Campus mit über 10.000 Studierenden bilden. Mit Studentenwohnheimen und Wohnungen für Universitätsangehörige waren die Stadtplaner, ganz im Sinne des damaligen Geschäftsführers der Neuen Heimat Württemberg, Lothar Späth, schnell bei etwa 45.000 erwarteten Bewohnern. Udo Botzenhart und die FWG, deren kritische Haltung gegenüber Satellitenstädten bekannt war, fragten im Gemeinderat zu Recht: *„Wo sollen denn die 45.000 Menschen herkommen, die beispielsweise für den Eselsberg erwartet werden?"*

Diese Frage stellte sich schon, denn entgegen den hochgeschraubten Erwartungen nahm seit 1970 die Ulmer Bevölkerung ab. Viele Ulmer zogen in Nachbargemeinden, wo sie günstiges Bauland für ein eigenes Haus erwerben konnten.

„Schäfchen zur Linken, ..." titelte die zeitgenössische Presse. Doch während die einen gemächlich auf Futtersuche waren, sahen sich die anderen doch manchem städtebaulichen Problem gegenüber. Verwaltung und Bauausschuss besuchten bei ihrer Besichtigungstour am 2. Juli 1967 auch das Örlinger Tal.

Zwei Jahre später hatte sich der Schauplatz vom Örlinger Tal auf den Eselsberg verlagert. Vor dem Hintergrund der markanten Hochhäuser durchforsteten der Oberbürgermeister, die Gemeinderäte und Bewohner das Wohngebiet nach möglichen Schwachstellen. All dies im November 1969 vor Beginn einer Bürgerversammlung, mit denen bis heute der Kontakt zur Bürgerschaft gepflegt wird.

Dies hing natürlich auch mit dem rapide steigenden Motorisierungsgrad einer autogläubigen Gesellschaft zusammen, in der größere Entfernungen zwischen Wohn- und Arbeitsplatz keine Rolle mehr spielten. Die FWG, und hier wieder besonders ihr Fraktionsvorsitzender, lasteten indes Bartels eine verfehlte Wohnungsbaupolitik an, da er, statt billiges Bauland zur Verfügung zu stellen, massierten Wohnungsbau betrieb. Und dies auch noch angesichts sinkender Nachfrage.

Mit großer Skepsis verfolgte deshalb die FWG auch die Entwicklung am Wiblinger Tannenplatz. In Verbindung mit den projektierten Baugebieten Roter Berg und Kohlplatte gab es 1971 im Gemeinderat lange und teilweise heftige Diskussionen, welches der Gebiete zuerst bebaut werden sollte. Andreas Braunwarth (SPD) geriet dabei über das Auftreten Botzenharts einmal so in Rage, dass er vorschlug, ganz Söflingen zu verkaufen, denn *„no hättet* *mir Sia au glei los".* Oberbürgermeister Pfizer kommentierte milde: *„Es wäre schade um Söflingen".*

Nach Baubeginn am Tannenplatz 1970 erschien der dortige massierte Mietwohnungsbau, der anfänglich unter geringer Nachfrage litt, sozusagen als der steingewordene Bartels. Also platzte Botzenhart, *„Trabanten können sich nur Großstädte leisten",* pflichtschuldigst der Kragen. Er zog kräftig vom Leder, kritisierte das Stadtplanungsamt als *„Debattierclub"* und verkündete 1973 kämpferisch: *„Ich suche die Konfrontation, weil Herr Bartels für unsere Stadt einige Schuhnummern zu groß ist."* Allerdings musste er sich anschließend vom Fraktionsvorsitzenden der SPD, Wolfgang Feuerstein, eine *„Söflinger Vorstadtperspektive"* vorhalten lassen und die süffisante Bemerkung anhören, dass im Umkehrschluss vielleicht andere einige Schuhnummern zu klein für Ulm seien.

Selbst die Stuttgarter Zeitung nahm sich der Sache an und bezeichnete den *„starken Mann im Gemeinderat"* als das, *„was Uwe Seeler für die Nationalmannschaft war, Motor, Wortführer und Torschütze".* Weiter hieß es: *„Sein Hang zu einfachen, schnellen, preiswerten Lösungen verhält sich zur Denkart des Stadtbaudirektors Hans Bartels wie Feuer und Wasser".* In der Tat neigte Botzenhart eher zu raschen Lösungen als zu langfristigen Strategien. Eine Rolle spielte sicher auch, dass Bartels, mit Zustimmung von Oberbürgermeister Lorenser und des Gemeinderats, zunächst die Bebauung am Tannenplatz und dann die am Eselsberg fertigstellen wollte. Demgegenüber favorisierte der Söflinger Botzenhart vehement die als Reservefläche vorgesehenen Gebiete am Roten Berg und auf der Kohlplatte. Entscheidend bei diesem Vorgang war jedoch, dass er nicht den Weg der internen Kritik wählte, sondern, in der für ihn typischen Manier, seine gezielten Provokationen bei einer Pressekonferenz äußerte. Bei der dadurch ausgelösten Gemeinderatsdebatte am 30. Mai 1973 sagte er: *„Die FWG wusste, dass sie ins Fettnäpfchen tritt."* Sie wusste aber auch, dass sie im Bauausschuss wie im Gemeinderat die Wohnbaukonzeption von Bartels gebilligt hatte.

Im Übrigen ließ sie, mit weniger erfreulichen Folgen, ein weiteres Fettnäpfchen nicht aus. Ausgelöst wurde die Angelegenheit ein Jahr später durch den Besuch des CDU-Landtagsabgeordneten Ventur Schöttle in Ulm, der in heiligem Zorn den Tannenplatz als *„Steinbruch"* bezeichnet hatte. Zu diesem Thema erschien in der FWG-Hauspostille Inform ein Artikel von Kurt Deschler, in dem er den Tannenplatz als *„verwüstete Landschaft"* bezeichnete. Gleichzeitig warf er in einem geharnischten Leserbrief der Bauverwaltung vor, sie betreibe, ideologisch einseitig, mit der Städteplanung Gesellschaftspolitik. All dies kam in der Öffentlichkeit allerdings nicht so gut an. Wie die Südwest Presse vom 18. September 1974 berichtete, verlas Udo Botzenhart *„mit Tremolo in der Stimme"* eine Erklärung, dass der Artikel eine Einzelmeinung und nicht die der Fraktion sei. Dies war das Ende einer wenig geglückten Kampagne. Das Tannenplatzprojekt, das im Gemeinderat mehr Zustimmung als Ablehnung erfuhr, war künftig kein Wahlkampfthema mehr. Und, man höre und staune, die FWG erklärte, sie sei *„mit und nicht gegen"* Bartels. Im Zuge der Auseinandersetzungen war damals auch der Wiblinger Rainer Höflinger aus der FWG ausgetreten.

Allerdings warf Bartels nach den Kontroversen mit der FWG das Handtuch und verließ Ulm. Als profilierter Stadtplaner, der in großen Dimensionen dachte, war Ulm in der Tat vielleicht doch zu provinziell für seine Vorstellungen. Insoweit lag Botzenhart mit seiner etwas saloppen Einschätzung gar nicht so sehr daneben. Vergessen darf man aber nicht, dass Bartels mit dem von ihm forcierten und vom Gemeinderat genehmigten Flächennutzungsplan tendenziell richtig lag und dass er eine bis heute beispielhafte Erhebung der sanierungswürdigen Ulmer Bausubstanz erstellen ließ. Ohne viel Aufhebens.

Im Sommer 1969 war der Ulmer Gemeinderat zu einer viertägigen Besichtigungsreise nach Mannheim, Hannover und Wolfsburg aufgebrochen. Im Juli zog dann der neu berufene Stadtbaudirektor Bartels Bilanz. Fazit: Ulm braucht eine „öffentlich praktizierte Planung". In Verbindung mit einem Verkehrsentwicklungsplan setzte er im Wohungsbau auf Quantität, ohne die Qualität zu vernachlässigen. In diesem Sinn sollte die Bebauung „Gögglinger Wald" beispielhaft werden. Udo Botzenhart brachte seinerzeit das Fehlen eines Flächennutzungsplans mit dem häufigen Wechsel der Stadtbaudirektoren in Verbindung, und hoffte, dass Bartels länger bleibe.

Als dann ab 1970 die Wohnsiedlung am Tannenplatz entstand, wendete sich das Blatt. Während die Verwaltung hinter Bartels stand, gab es im Gemeinderat heftige Diskussionen. Vor allem die FWG nahm eine kritische Haltung ein. Ihr Fraktionsvorsitzender warf Bartels vor, dass derartige Trabantenstädte nicht zu Ulm passten.

Wer will zu Ulm?

Die ganze Angelegenheit gehört natürlich in einen größeren Zusammenhang. Der Glaube an Planung und Organisation erfasste in den 1970er Jahren alle Lebens- und Politikbereiche. Die in diesem Zusammenhang angestrebte Herstellung gleichwertiger Lebensverhältnisse in Stadt und Land führte in Baden-Württemberg zu einer groß angelegten Gemeindereform. Von 1970 bis 1975 gab es auch im Raum Ulm zahlreiche Eingemeindungen. Der neu geschaffene Alb-Donau-Kreis gab neun Gemeinden an den Stadtkreis Ulm ab, darunter auch das bis zuletzt widerstrebende Lehr. Nicht umsonst zog damals Hans Lorenser an vorderster Front durch die Dörfer, ging es doch um dringend erforderliche Markungsgewinne. Im Ergebnis vergrößerte Ulm seine Markung von knapp 5.000 auf 11.500 Hektar. Dieses nun städtische Vorland bot Baugrundstücke, war von bürgerlich-sympathischen, ländlichen Siedlungsformen geprägt, mit ganz spezifischen Interessen für die landwirtschaftlichen Grundlagen und eine urban durchwachsene dörfliche Infrastruktur.

Im Oktober 1971 wurde in Unterweiler der Eingemeindungsvertrag unterschrieben.
Von links Bürgermeister Thomas Renz, Theodor Pfizer und Hans Lorenser. Neben Jungingen und Mähringen gehörte Unterweiler zu den drei ersten Gemeinden, die sich Ulm anschlossen.

Und wer konnte all dies, trotz anfänglicher Vorbehalte, nicht besser verstehen und vertreten als die Freien Wähler? Die Tinte auf den Eingemeindungsverträgen war noch nicht trocken, da machte Udo Botzenhart in den Vorortgemeinden, zum Leidwesen der etablierten Parteien, schon seine Aufwartung. Er erklärte die Notwendigkeit und die Vorzüge der Gemeindereform und präsentierte die FWG als Anwalt bürgerlicher Freiheitsrechte gegen den Zugriff der Verwaltung. Am Beispiel von Söflingen, Unabhängige Wählergemeinschaft Söflingen (UWS), 1956, und Wiblingen, Wiblinger Wählergemeinschaft (WWG), 1968, machte er klar, was die dortigen Listen zustande gebracht hatten. So begann 1975 in den Gasthöfen der Vorortgemeinden, an der Peripherie der Stadt, die Sammlungsbewegung der Freien Wähler und die Aufstellung diverser Listen: Unabhängige Liste Ulmer Vororte (UWUV) 1975 bis 1980, Wählergemeinschaft Ulmer Norden (WUN) 1980 und die Ulmer Vorortliste (UVL) 1989. Die Vororte entwickelten sich zur profitablen Rekrutierungsbasis der Freien Wählervereinigung, die Botzenhart zielstrebig ausbaute.

Neue Entwicklungen

1975 war die Bildungsreform still ad acta gelegt worden. Zwei Jahre später verkündete Baubürgermeister Schaber im Gemeinderat, dass angesichts revidierter Studentenzahlen und der wirtschaftlichen Lage das Projekt Eselsberg nicht zu halten sei. Die FWG, die ihre kritische Haltung bestätigt sah, stimmte einer „abgespeckten" Planung für 6-7.000 Menschen zu. Erfreulich für die Fraktion war, dass nach ihren Vorstellungen Wohnungen in Geschoßbauweise und Einfamilienhäuser entstehen sollten. Von 1978 bis 1981 erstellte die Neue Heimat in den Häringsäckern ein in der Fachpresse gelobtes Wohnquartier. Weniger lobenswert waren die 1982 bekannt gewordenen Vorgänge in der großen Bauträgergesellschaft. Bekanntlich nahm die Neue Heimat nach Verfehlungen der Geschäftsleitung dann ja ein unrühmliches Ende.

Die Bebauung der Häringsäcker und der Baubeginn am Roten Berg 1978 markieren eine Trendwende in der Ulmer Wohnungsbaupolitik. Ohne den sozialen Wohnungsbau und den Bau verdichteter Wohnquartiere aufzugeben, rückte jetzt der Bau von Einfamilienhäusern auch im Stadtgebiet in den Blickpunkt. 1977 wurde auch die Sanierungstreuhand gegründet, die im Auftrag der Stadt mit der in jeder Beziehung mustergültigen Sanierung „Auf dem Kreuz" und wenig später in Söflingen begann. Somit gingen nun differenzierter Wohnungsbau und Sanierung Hand in Hand. Verwaltung und Gemeinderat sahen sehr wohl, dass trotz stagnierender Bevölkerung der Wohnungsbau forciert werden musste, um die städtische Infrastruktur zu sichern und attraktiv zu gestalten.

Die siebenstündige Sondersitzung des Gemeinderats am 23. Januar 1971 hat ihre Spuren hinterlassen. In zunehmend gereizter Atmosphäre diskutierte das Plenum die Frage, wie man die anstehenden Baumaßnahmen ohne Erhöhung der Einnahmen durchführen konnte. An diesem Tag fand man keinen Ausweg aus der Finanzmisere.

Konzentriert die FWG-Fraktion: In der Mitte Udo Botzenhart, Reinhard Meinung, Rolf Ebner und Hans-Heribert Grasmann.

76 | Der engagierte Kommunalpolitiker

Impressionen einer Etatberatung im November 1977. Damals dauerten die Beratungen noch mehrere Tage, so dass man sich sozusagen häuslich einrichtete. Ausnahmsweise einmal von links nach rechts sehen wir Peter Hars, der eine Brezel genießt. Daneben, aufmerksam wie immer, Karl Friedrich Kirchner. Beide von der CDU. Die Angehörigen der FWG- Fraktion studieren den Haushaltsentwurf. Zunächst Reinhard Meinung, dann Udo Botzenhart, der seine Beine auf einer Obstkiste entlastet, schließlich Helmut Betzler. Es folgt die SPD mit Marianne Obermeier- Weisser und Sebastian Setzensack, der behaglich eine Pfeife schmaucht. Das waren noch Zeiten.

Die Tunnelfrage

Anlässlich des Münsterjubiläums 1977 schrieb die Bauverwaltung einen Ideenwettbewerb für die Neugestaltung der Innenstadt aus. Also gleich für drei große Vorhaben in einem: Münsterplatz, Rathaus und Neue Straße. Dabei ging es auch um die Untertunnelung der Neuen Straße und um den Öffentlichen Nahverkehr. Ein diesbezügliches Gutachten, das die Stadtverwaltung 1972 einer Planungsgruppe um Karlheinz Schächterle in Auftrag gegeben hatte, führte 1975 zu einer Klausurtagung auf der Reisensburg. Das klare Bekenntnis der Gutachter für den Bus, und das daraufhin ins Auge gefasste Ende der Staßenbahnlinie 1 sorgte vorübergehend für beträchtliches Rauschen im Blätterwald. Was die geplante Untertunnelung der Neuen Straße betraf, stimmte die FWG, an der Spitze Udo Botzenhart, seinerzeit nicht nur begeistert zu, sie regte sogar euphorisch an, den Tunnel vom Ehinger Tor bis zur Münchner Straße zu verlängern. Nun legte Schächterle, während des Wettbewerbs, am 11. März 1977 dem Gemeinderat ein weiteres Gutachten vor, in dem er *"eindeutig für die Verlegung der Neuen Straße in einen Tunnel"* plädierte.

Oberbürgermeister Lorenser, der den laufenden Wettbewerb als *"den wichtigsten, den die Stadt jemals ausschrieb,"* bezeichnete, trat von Anfang an öffentlich für eine Tunnellösung ein. Mit dieser Aussage belastete er den Wettbewerb und nährte Zweifel an seiner Objektivität als späterer Preisrichter. Wie zu erwarten, gab es im Ergebnis keinen Entwurf, der eine insgesamt überzeugende Lösung gebracht hätte. Von den 38 Einsendungen gingen angesichts der von der Stadtspitze genährten Erwartungshaltung nur vier davon aus, dass die Neue Straße nicht untertunnelt werden würde. Ein Vorschlag, der seinerzeit ohne Preis blieb, lag allerdings nahe an der heute realisierten Lösung.

Zur Tunnelfrage gaben die einzelnen Fraktionen 1979 dann ihre Stellungnahmen ab. Die CDU sprach sich für einen Tunnel aus, die SPD dagegen. Die FWG war zwar grundsätzlich dafür, sah aber eine Realisierung erst für 1987 bis 1990 vor. Bis dahin sollten die im Generalverkehrsplan von 1978 vorgesehenen Parkhäuser und die Tangente fertig sein. Dahinter standen natürlich auch die Interessen des innerstädtischen Einzelhandels. In diesem Kreis erhoben sich gewichtige Stimmen, die in dem Tunnel nicht nur PKWs, sondern auch die Kaufkraft ungebremst durchrauschen sahen. Diese Stimmen hörte natürlich auch die FWG, über deren Haltung Lorenser und die CDU-Fraktion jedoch überhaupt nicht amüsiert waren. In der Presse wurde die Entscheidung allerdings positiv aufgenommen. Überhaupt erwies sich die FWG seinerzeit mehr sachorientiert als an eine Partei gebunden. So hatte sie beispielsweise gemeinsam mit der SPD, gegen die Pläne der CDU, für mäßige Grundstückspreise am Roten Berg gestimmt. Ganz im Sinne Udo Botzenharts, für den während seiner gesamten Tätigkeit als Gemeinderat die Eigentumsbildung in Form von Wohnungen oder im Wohnungsbau ein mächtiges ceterum censeo war, das nie von seiner Tagesordnung verschwand.

1980 bis 1984. Mal oben, mal unten. Die FWG und die Universität

1980 wurde Hans Lorenser mit großer Mehrheit noch einmal zum Oberbürgermeister gewählt. Allerdings nur für eine Amtszeit von vier Jahren, denn dann erreichte er die Pensionsgrenze. Lorenser wollte ursprünglich nicht mehr antreten, denn er hatte auf eine Kandidatur des Ersten Bürgermeisters Gerhard Stuber gehofft. Sein Weggefährte kam wie er aus Ludwigsburg und war ihm nicht nur dienstlich, sondern auch persönlich verbunden. Stuber war wegen einer möglichen Kandidatur auch von den Parteien angesprochen worden, wollte seine Unabhängigkeit aber nicht aufgeben und lehnte es ab, in eine Partei einzutreten. Für den in Wartestellung verharrenden Ernst Ludwig gab es in der FWG Sympathien, vor allem von Seiten des Fraktionsvorsitzenden. Wie die Presse kolportierte, konnte Lorenser einer Kandidatur seines Parteifreundes Ludwig wenig abgewinnen. Aber er hatte, nach eigenem Bekunden, ein Gespräch mit ihm geführt, das er als *„fair und nobel"* empfand. Schließlich gab er doch dem Drängen weiter Kreise der Bürgerschaft nach und stellte sich noch einmal zur Wahl.

Nach seiner Wiederwahl nannte er als Schwerpunkte seiner Amtszeit unter anderem die Neuausrichtung der Stadtwerke Ulm zusammen mit Neu-Ulm, den ÖPNV und die Klinikfrage. Letztere war besonders brisant, da seit 1975 diesbezügliche Verhandlungen mit dem Land liefen. Auf Seiten der Stadt wurden sie von Gerhard Stuber geführt, der die Kliniken gerne abgegeben hätte. Auf der anderen Seite war Hans Lorenser ein Verfechter kommunaler Trägerschaft. Bei der großen Gemeinderatsdebatte zu der Klinikfrage 1975 sprachen sich die Fraktionen der CDU und SPD für den Verbleib der Kliniken bei der Stadt aus. Die FWG erneuerte ihren Antrag, die Kliniken angesichts wachsender Kosten für die Stadt möglichst rasch abzugeben. Das lag auch voll auf der Linie von Botzenhart, dessen kaufmännisches Denken und Handeln immer wieder mit starren Verwaltungsstrukturen in Konflikt geriet.

Da die Fronten verhärtet waren, zeichnete sich erst seit 1979 eine vertragliche Lösung ab. In der denkwürdigen Gemeinderatssitzung vom 15. Juli 1981 beschloss das Gremium, die Kliniken dem Land zu überlassen. Lorenser, der letztlich auch die Notwendigkeit einsah, erlebte, wie er sagte, *„keinen Freudentag, sondern eher eine Kapitulation"*, aber auch das Ende eines Dauerkonflikts. Zufrieden konnten die Freien Wähler sein, die nun endlich ihren schon 1970 eingebrachten Antrag verwirklicht sahen. In der Rückerinnerung misst Udo Botzenhart der Lösung der Krankenhausfrage eine zentrale Rolle in seiner langen kommunalpolitischen Tätigkeit bei.

Am 5. Januar 1977 befanden sich Hans Lorenser und Gerhard Stuber auf ihrer traditionellen Wanderung, die sie zu Jahresbeginn in die „Traube" nach Eggingen führte. Dort erwartete sie neben dem Ortsvorsteher Florian Schwer die eingeladenen Journalisten, die so die anstehenden Projekte aus erster Hand erfuhren.

Angesichts dieses beherrschenden Themas ging beinahe unter, dass in der Gemeinderatssitzung eine zweite weitreichende Entscheidung getroffen wurde. Ab dem Jahr 1984 sollten die Stadtwerke Ulm/Neu-Ulm, gemäß dem Konsortialvertrag von 1980, als GmbH unter Leitung von Gerhard Stuber geführt werden. Er war ja 1957 als Leiter der Ulmer Stadtwerke nach Ulm gekommen, die er in beispielhafter Weise zu einem schlagkräftigen Unternehmen ausbaute, bevor ihn Oberbürgermeister Lorenser als Ersten Bürgermeister berief. Nun kehrte er an seine alte, aber aufgewertete Stelle zurück. Im Blick auf die 1984 anstehende Oberbürgermeisterwahl war diese, auch nach einem Gespräch mit Ernst Ludwig, getroffene Entscheidung ebenfalls von Bedeutung, denn ohne den Kandidaten Stuber waren die Weichen für die CDU-Bewerber gestellt: den Fraktionsvorsitzenden Karl

Friedrich Kirchner und den Staatssekretär Ernst Ludwig. Damit rückte auch Ludwigs Freund Udo Botzenhart an eine wichtige Schaltstelle.

Doch zunächst wurde er in der Frage eines Stiftungslehrstuhls aktiv. Bei einem jener „konspirativen" Abendessen im Freundeskreis, die nie ohne Folgen blieben, hatte Lothar Späth den Gedanken eines von der Industrie gestifteten Lehrstuhls geäußert, der nach fünf Jahren vom Land übernommen werden könnte. In dem folgenden Vortrag im Studium Generale am 21. Januar 1981 ermunterte Späth erneut zu eigenständigen Ulmer Lösungen. Udo Botzenhart, der bekannt dafür war, auf entsprechende Stichworte oder in der Umsetzung eigener Gedanken meist unkonventionelle, aber diskutable Vorschläge zu produzieren, schlug vor, die Gewerbesteuer um einige Prozentpunkte zu erhöhen und einen Teil der Mehreinnahmen für die Einrichtung eines entsprechenden Lehrstuhls zu nutzen. Der Vorschlag stieß allenthalben auf Zustimmung, doch eine Erhöhung der Gewerbesteuer ließ sich nicht durchsetzen, zumal sich auch die Vollversammlung der Industrie- und Handelskammer dagegenstellte. Also schritt man zu der von Späth angestoßenen Initiative einer Spendenaktion der Ulmer Wirtschaft, die schließlich 1985 in einer konzertierten Aktion den erhofften Erfolg brachte. Der Stiftungslehrstuhl für Betriebswirtschaftslehre wurde in der erfolgreichen Abteilung für Wirtschaftsmathematik angesiedelt. Dadurch und mit den einige Jahre später wesentlich von Ernst Ludwig eingeworbenen Mitteln für eine Ludwig-Erhard-Stiftungsprofessur begann die Erfolgsgeschichte der Wirtschaftswissenschaften an der Universität Ulm.

Die FWG und der Müll.
Erster Teil
Eine weniger konstruktive Rolle spielten Udo Botzenhart und seine FWG-Kollegen allerdings bei dem Thema Müllentsorgung. Schon 1965 hatte man den Bau einer Müllverbrennungsanlage im Donautal geplant, da eine Schließung der Deponie Eggingen drohte. Dort taten sich jedoch weitere Kapazitäten auf, und so öffnete man sie auch für den Landkreis Neu-Ulm und den Alb-Donau-Kreis. Als dann das Umweltministerium die Schließung von Eggingen für das Jahr 1988 terminierte, gründete Oberbürgermeister Lorenser gemeinsam mit dem Alb-Donau-Kreis und dem Landkreis Neu-Ulm 1979 die so genannte Müllkompanie, mit dem Ziel einer Müllverbrennungsanlage im Donautal. Im gleichen Jahr wurde, bei einer Enthaltung, ein diesbezüglicher Grundsatzbeschluss im Gemeinderat gefasst.

In der Folgezeit gewann die Geschichte jedoch eine etwas bizarre, vor allem aber kostspielige Eigendynamik. Kontakte zu einem Neu-Ulmer Ingenieurbüro machten Hans-Heribert Grasmann und Rolf Müsken mit der Pyrolyse, also dem Verschwelungsverfahren, bekannt. Damit begann in der FWG ein aus mehreren Quellen gespeister Umdenkungsprozess, der schließlich zum Schwenk führte. Nun setzten europaweit ausgedehnte Informationsreisen ein. Die Vertreter der Müllkompanie, der CDU, vor allem aber der FWG, an der Spitze die Herren Botzenhart, Grasmann und Müsken, gaben sich in Kompostieranlagen und verschiedenen Versuchsanlagen die Klinken in die Hand. Im Zentrum des Interesses unter anderem das BRAM Verfahren, Brennstoff aus Müll, in Form von Pellets. Auch die Öffentlichkeit machte mobil. Einen Tag nach einer Bürgerversammlung in Wiblingen, an der auch Vertreter der dortigen Bürgerinitiative gegen Müllverbrennung teilgenommen hatten, beantragte Udo Botzenhart am 10. Juli 1980 im Namen der FWG-Fraktion die Verlegung einer schon geplanten Gemeinderatssitzung zu diesem Thema. Hans Lorenser war, gelinde gesagt, verärgert.

Die sechsstündige Sitzung am 10. September 1980 verlief dann überwiegend in sachlicher Atmosphäre, da Punkte wie Müllvermeidung, Recycling oder Kompostierung unstrittig waren. Sachlich ging es im Kern um Verbrennung oder die noch nicht ausgereifte Pyrolyse. Politisch um die dringende Müllbeseitigung gemeinsam mit dem Alb-Donau-Kreis und dem Landkreis Neu-Ulm sowie um die Zuverlässigkeit des Vertragspartners Ulm. Dafür setzten sich Lorenser, die CDU und auch Teile der SPD ein, während die FWG, immer noch in der Hoffnung, kleine Mengen von Restmüll in Eggingen unterzubringen, ein umfangreiches Gesamtpaket schnürte, das, mit vielen Fragezeichen, erst später umgesetzt werden konnte.

Die entscheidende Sitzung fand am 1. Oktober 1980 statt. Anwesend waren auch Scharen von Gutachtern und Spezialisten, die vor allem von der FWG benannt worden waren. Entsprechend verwirrend verlief die Sitzung.

Nach dem Scheitern der Müllkompanie 1980 demonstrierten aufgebrachte Bürger gegen die Einrichtung einer Mülldeponie in Gögglingen.

Nach zwei Stunden fragte der Gutachter Lenz verzweifelt, „wieviel soll denn jetzt pyrolysiert und wieviel kompostiert werden"? Wie mochte es da den Gemeinderäten zumute sein. Nach langer, teilweise hitziger Debatte wollte man zwar in der Arbeitsgemeinschaft bleiben, eine geschlossene FWG/SPD-Mehrheit lehnte die Müllverbrennung jedoch ab. Damit war die Müllkompanie praktisch gestorben. Oberbürgermeister Lorenser war tief enttäuscht und legte umgehend den Vorsitz in dem Arbeitskreis nieder. Enttäuscht waren auch die beiden Landräte, die nun, wie die Stadt Ulm, andere Lösungen suchen mussten. So ist die lang anhaltende Verstimmung, vor allem mit dem Landkreis Neu-Ulm, verständlich. Die ganze Tragweite der Ablehnung zeigte sich, als seit 1984 eine Flotte von LKWs die Hälfte des Ulmer Mülls auf eine Deponie nach Lothringen karrte. Udo Botzenhart räumt im Rückblick ein, dass er diese Entscheidung so nicht noch einmal treffen würde.

Im Februar 1982 feierte Udo Botzenhart seinen 60. Geburtstag. Zum ersten Mal richtete die Stadt einen großen Empfang für einen Stadtrat aus. Die scharf beobachtende Annegert Bock, die für die Stuttgarter Zeitung berichtete, vermisste dabei Vertreter von Theater und vh, also die bekannte „kulturelle Lücke", mit der Botzenhart übrigens gern kokettierte, und sah, angesichts des verdorbenen Müllkonzepts, einen etwas angesäuerten Geburtstagsredner Hans Lorenser: „Udo, tät I sage, jetzt langt´s" und bemerkte schließlich, dass Kirchner „Udos Kumpanei mit Ludwig mit Argusaugen beobachtete". Gerade derselbe überreichte ihm im Auftrag der Landesregierung seinerzeit die Staufermedaille.

Dreamteam
Bei der Oberbürgermeisterwahl 1984 traten zwei CDU-Kandidaten gegeneinander an. Einmal Karl Friedrich Kirchner, der Geschäftsführer von Südwestmetall, ein engagierter und erfolgreicher Kommunalpolitiker, der als Fraktionsvorsitzender im Gemeinderat hohes Ansehen genoss. Dann der gebürtige Ulmer Ernst Ludwig, damals Staatssekretär im Wirtschaftsministerium, mit reicher Erfahrung auf dem Feld der Politik. Die Nominierungsversammlung der CDU entschied sich dann mit der knappen Mehrheit von acht Stimmen für Ernst Ludwig, der 1984 zum neuen Oberbürgermeister gewählt wurde und gleich in seiner ersten Schwörrede den Rahmen für seine Ziele absteckte.

Zweifellos hat sich in der Vorbereitungsphase der Wahl Udo Botzenhart den Ruf des „Königsmachers" erworben, da er rechtzeitig Strömungen erkannte, Allianzen schmiedete und für Mehrheiten sorgte. Als Tatort wurde die Söflinger Sauna- und Weinkellerrunde ausgemacht, um die sich bald Legenden rankten, war sie doch von der Aura des Geheimnisvollen umgeben, die zu schönen Spekulationen Anlass gab. Doch anders als in den „Phantasien im Bremer Ratskeller" des schwäbischen Dichters Wilhelm Hauff wurde in „Udos Söflinger Weinkeller", wenn überhaupt, weniger phantasiert, es wurden vielmehr Pläne ausgeheckt oder tragfähige Lösungen diskutiert. Denn ohne Zweifel bahnte sich in Ulm ein Strukturwandel und ein Paradigmenwechsel im wirtschaftlichen Bereich an, der auf Grundlage einer stabilen bürgerlichen Mehrheit im Gemeinderat durchgesetzt werden musste. Mehr als alles andere war dies der entscheidende Beitrag, den Udo Botzenhart und die FWG-Fraktion in der „Ära" Ludwig leisteten. Sie sorgten gemeinsam mit der CDU-Fraktion dafür, dass die notwendigen und auch ehrgeizigen Pläne rasch die Hürde des Gemeinderats nehmen konnten. Dass die enge Freundschaft der beiden Akteure, die manchem ein Dorn im Auge war, dabei nicht hinderlich war, ist selbstverständlich.

Seit über fünfzig Jahren in Freundschaft verbunden. Udo Botzenhart und Ernst Ludwig.

Hans Lorenser nimmt Abschied

Am 26. Februar 1984 verabschiedete sich Hans Lorenser vom Gemeinderat und dankte allen Fraktionen gleichermaßen herzlich. Persönlich wurde er bei der FWG-Fraktion, als er dem *„lieben Udo Botzenhart"* bescheinigte, man habe manches nicht nur im Rathaus, *„sondern auch bei einem guten Viertele im Söflinger Klosterhof ausgemacht"*. Dann enthüllte er, dass sein Vater einst Botzenhart angewiesen habe: *„Udo, pass auf mein Bub auf"*. Dies, so Lorenser, *„obwohl es eigentlich umgekehrt hätte sein müssen, da ich doch der ältere bin. Aber mein Vater hat mir wohl nicht soviel zugetraut wie dem Udo"*. Glücklich zeigte sich Lorenser darüber, *„dass wir durch die Stärke der FWG drei gleichwertige Blöcke und keine zementierte Koalition hatten"*. An diesen weit über Ulm hinaus strahlenden stabilen Gemeinderat, der sich nicht in grundsätzlicher Opposition verlor, erinnert sich auch der ehemalige Erste Bürgermeister Gerhard Stuber gerne. Manch andere Kommune beneidete die Stadt Ulm um diese stabile politische Konstellation.

Von Ernst Ludwig zu Ivo Gönner

Stadtqualität

Seit 1984 gehörten dem Gemeinderat 12 neue Mitglieder an, darunter zum ersten Mal die Grünen in Fraktionsstärke. Die Mehrheit lag bei den Fraktionen der CDU und FWG, die SPD-Fraktion mit ihrem Vorsitzenden Ivo Gönner war kompromissbereit, die Grünen lehnten Ludwigs Linie ab. Deshalb hatten sie auch nicht an der Klausurtagung des Gemeinderats teilgenommen, bei der mit einer Gesamtsumme von 250 Millionen DM das Stadtqualitätsprogramm besprochen wurde. Die wichtigsten Punkte waren: Umbau der Donauhalle, Neugestaltung der Innenstadt, Untertunnelung der Neuen Straße, Bau eines Kongresszentrums und ein Verkehrsplan. Um das zu realisieren, gab die FWG eine Reihe eigener Pläne auf, die sie zwischen 1980 und 1983 auf Klausurtagungen beschlossen hatte. *„Jetzt muss der Schub her"*, forderte Udo Botzenhart kategorisch.

Und zwar auch für Söflingen, möchte man anfügen. Denn seit 1980 lief dort die Sanierung im Klosterhof und im Ortskern. Die besonderen Söflinger Ansprüche *„Alles muss schöner, aber ja nicht anders werden"* verlangten Gemeingeist und verständnisvolles Engagement der Sanierungstreuhand. Auch Udo Botzenhart hat wesentlich dazu beigetragen, dass in seinem heimatlichen Söflingen organisch saniert und erweitert, dabei aber manches Grundstücks- und Nachbarschaftsproblem geräuschlos gelöst wurde. Sogar beim Aussuchen der Pflastersteine für den Klosterhof legte Botzenhart die bürgerliche Messlatte an. *„Eines muss gesichert sein, dass hier der Ulmer Bürgerwille zu seinem Recht kommt"*. Er war auch nicht ganz unbeteiligt, als die Stadt in jenen Jahren auf der Kohlplatte keine aktive Erwerbspolitik betrieb, um genügend Mittel für die Sanierung Söflingens bereit zu haben. Ohne Hochhäuser und Wohnsilos ist Söflingen heute ein bevorzugtes Wohngebiet. Oder in Botzenharts Worten: *„Wer nach Ulm kommt, zieht nach Seflenga"*.

Zurück nach Ulm. Mit Ludwig kam der neue Kämmerer Alfred Katz aus Stuttgart. Ein gut vernetzter Verwaltungsfachmann, der gemeinsam mit dem Oberbürgermeister Landeszuschüsse nutzbar machen konnte. Das Engagement des Landes war umso wichtiger, als sich parallel zum Stadtqualitätsprogramm die Neuausrichtung der Universität mit einer Ingenieurwissenschaftlichen Fakultät und dem Aufbau der Wissenschaftsstadt abzeichneten. Damit sollte auf die strukturelle wirtschaftliche Schwäche Ulms reagiert werden, und die Metall- und Elektroindustrie, mit dem Schwerpunkt Fahrzeugbau, um neue Dienstleistungsbereiche erweitert werden. Die Videocolorpleite von 1981 mit einem Verlust von 1.500 Arbeitsplätzen hatte diesen Prozess mit ausgelöst und ihn, mit geradezu traumatischen Folgen, emotional aufgeladen.

Die Sanierung Söflingens war ein Herzensanliegen von Udo Botzenhart. Anfang der 1980er Jahre erläuterte er im Klosterhof seine Gedanken. Im illustren Zuhörerkreis Ernst Ludwig, sowie der CDU-Gemeinderat Herbert Dörfler (links) und der SPD-Gemeinderat Ivo Gönner (rechts).

Was die Neugestaltung des Münsterplatzes anging, war Oberbürgermeister Ludwig, wie auch der Gemeinderat, zum Handeln entschlossen. Nach einer fast endlosen Geschichte hatte die Stadt 1986 einen auf zehn Architekten beschränkten Wettbewerb ausgeschrieben, den der renommierte New Yorker Architekt Richard Meier gewann. Angesichts des modernen Entwurfs gingen die Wogen hoch, und schon bald zeigten sich die Frontlinien zwischen den Befürwortern und dem Verein Alt-Ulm.

Am 20. September 1987 fand in dieser Angelegenheit der erste Bürgerentscheid in der Nachkriegsgeschichte Ulms statt. Dabei votierten 19 827 Ulmer Bürger gegen den Bau des Stadthauses und 17 247 dafür. Obwohl die Mehrheit also dagegen war, verfehlte der Bürgerentscheid das notwendige Quorum um 1701 Stimmen und war somit nicht gültig. Der Gemeinderat, der einmütig hinter dem Bau stand, konnte nun die Planungsphase einleiten.

Zu diesem Zeitpunkt war auch schon die Entscheidung zum Aufbau der Wissenschaftsstadt gefallen. Dieses zweite Großprojekt an der Schnittstelle von Wissenschaft und Industrie veränderte die Stadt nachhaltig. Verbunden war dies mit der Erweiterung der Universität um eine Ingenieurwissenschaftliche Fakultät mit Schwerpunkt Elektrotechnik. Diese beiden Themen waren Gegenstand einer hitzigen Gemeinderatsdebatte am 1. Oktober 1986, bei der es um die Rolle des Daimler-Konzerns ging. Während der Fraktionsvorsitzende der SPD, Ivo Gönner, mit dem Hinweis auf die Schaffung von Arbeitsplätzen Entgegenkommen signalisierte, lieferten sich Karl Friedrich Kirchner, CDU, und Udo Botzenhart, FWG, mit Jutta Österle-Schwerin, Die Grünen, einen heftigen Wortwechsel, der die gesellschaftliche Tragweite des Projekts Wissenschaftsstadt, aber auch die persönlichen Animositäten im Gemeinderat widerspiegelte.

Einer der Kontrahenten, Udo Botzenhart, feierte im Februar 1987 seinen 65. Geburtstag. Zu diesem Zeitpunkt gehörte er dem Gemeinderat seit 30 Jahren an, davon 20 Jahre als *„agiler und unangefochtener Fraktionsvorsitzender"*. Das *„lebendige Monument der Nachkriegsgeschichte"*, wie es in der

Der Bau des Stadthauses nach dem Entwurf des New-Yorker Architekten Richard Meier, 1993, war ein prominenter Teil des ehrgeizigen Statqualitätsprogramms, und ist bis heute ein markanter Anziehungspunkt der Neuen Mitte Ulms.

Südwest Presse hieß, setzte sich nun, im Blick auf die Zukunft, mit ganzer Kraft für das Stadtqualitätsprogramm und die Wissenschaftsstadt ein. In engem Schulterschluss mit Karl Friedrich Kirchner und Ernst Ludwig wurden die entscheidenden Schritte im kleinen Kreis vorbereitet und dem Gemeinderat vorgelegt, in dem die CDU, gemeinsam mit der FWG-Fraktion, die Mehrheit hatte. Resultat waren etwa das Stadthaus, der Umbau der Donauhalle oder, wesentlich von Kirchner forciert, das Kongresszentrum mit dem Maritim Hotel am Valckenburgufer. In all dem fand das neue Ulm sichtbaren Ausdruck.

Die enge Bindung von CDU und FWG führte allerdings auch dazu, dass die Polarisierung im Gemeinderat zunahm und die SPD-Fraktion unter Ivo Gönner in der Oppositionsrolle gestärkt wurde. So warf er in der Sitzung am 19. Oktober 1988 dem Vorsitzenden der CDU-Fraktion, Kirchner, vor, er betreibe durch die *„heimliche Listenverbindung"* mit der FWG *„den Ausverkauf der Rechte des Gemeinderats"*. Da die SPD sich den neuen Entwicklungen aber nicht grundsätzlich verweigerte, gewann sie, wie auch ihr Fraktionsvorsitzender, zunehmend an Substanz.

Gruppenbild mit Dame.
Erste Reihe von links:
Werner Nonnenberg,
Gertrud Beck,
Udo Botzenhart,
Helmut Betzler.
In der zweiten Reihe:
Rolf Müsken, Hans Anger,
Lothar Schultheiß,
Hans-Heribert Grasmann.
Oben: Otto Jaudas, Kurt Deschler und Werner Stahl.

Spannungen

Während die FWG-Fraktion nach außen Geschlossenheit demonstrierte, bahnte sich intern ein Eklat an. Ausgangspunkt war pikanterweise die UWS, also die Söflinger Truppe in der FWG. Seit 1957 die UWS ihren erfolgreichen Weg in die Zukunft begonnen hatte, war es neben Udo Botzenhart ein verschworener Freundeskreis, der die Söflinger Interessen vertrat. Institutionell gab es einen Freundeskreis der UWS seit 1975. An der Spitze stand Walter Ilg, dem 1985 Christa Wiesmüller nachfolgte. Der Freundeskreis diente dem Kontakt der Söflinger Gemeinderäte mit der Bürgerschaft, der Bündelung von Anträgen, dem Erstellen der Wahllisten und der aktiven Unterstützung der Söflinger Kandidaten im Wahlkampf. Über seine kommunalpolitische Bedeutung hinaus engagierte er sich jedoch auch auf dem kulturellen und geselligen Sektor. Er war Teil jenes informellen Kommunikationssystems, das Udo Botzenhart glänzend zu nützen verstand.

Zum engeren Kreis gehörte der Architekt Hans Anger, der 20 Jahre an der Spitze des Vorstadtvereins stand. Ein Grenzgänger zwischen Ulm und Söflingen war Hans-Heribert Grasmann, Geschäftsführer der Münster-Brauerei und in der Fraktion für die Finanzen zuständig. Die Gemeinderäte Hans Anger, Hans-Heribert Grasmann und der Vertreter des Ulmer Nordens, Rolf Müsken, die ja schon in der Müllfrage eigene Akzente gesetzt hatten, sahen nun in der freundschaftlichen Bindung des Oberbürgermeisters Ludwig mit ihrem Fraktionsvorsitzenden Botzenhart sowie in der starken Rolle des Ältestenrats eine zunehmende Beeinträchtigung ihrer gemeinderätlichen Tätigkeit. Zusätzlich forderten sie in einem Schreiben auch einen kooperativeren Stil in der Fraktion. Im Mai 1988 traten sie mit diesen Begründungen aus der FWG-Fraktion aus und gründeten die Fraktion der Freien Bürger Ulms (FBU). Der überraschte und betroffene Udo Botzenhart legte ihnen seinerzeit nahe, ihre Mandate niederzulegen, was sie allerdings nicht taten.

Nach diesem vor allem in Söflingen wirkenden Paukenschlag begann natürlich sofort die Suche nach weiteren möglichen Gründen des Austritts. Und da waren der Fantasie und den Stammtischgesprächen keine Grenzen gesetzt. Am 2. Juni 1988 kam der Vorfall auch im Freundeskreis der UWS zur Sprache. Da erlebte man einen anfänglich etwas gehemmten Botzenhart, denn immerhin war ja sein Führungsstil kritisiert worden. Doch dann gewann er an Fahrt und wurde zunehmend kämpferisch. Nun ging es vom Klosterhof, wo Anger im Auftrag Grasmanns ohne Genehmigung eine Blockhütte gebaut hatte, hinauf auf den Eselsberg, wo die Wissenschaftsstadt entstand. Und warum wohl? Nicht zuletzt weil Ministerpräsident Späth Ulm, anders als Freiburg oder Tübingen, *„als regierbare Stadt mit stabiler bürgerlicher Mehrheit"* schätzte. Die eher rhetorische Frage, wem das zu danken war, blieb natürlich unbeantwortet, aber jedem war klar, wer damit gemeint war. Dann sinnierte Botzenhart noch laut, nie hätten Söflinger Gemeinderäte ihr Gemeinderatsamt mit privaten Dingen vermischt. Das hätte er besser nicht getan, denn gerade das bezogen die Drei natürlich auf sich.

Schon bald begannen hinter den Kulissen Verhandlungen, um die Angelegenheit zu bereinigen. Moderatoren waren Pfarrer Herbert Leichtle, einst FWG-Kandidat, und Helmut Schaible, der Schwager von Hans Anger und Leiter der gewerblichen Robert-Bosch-Schule. Von spöttischen Pressekommentaren begleitet, die Angelegenheit bedürfe wohl der Hilfe Gottes und der CDU, ebneten sie den mühevollen Weg zum Ausgleich. Im Januar 1989 kehrten die drei abtrünnigen FWG-Gemeinderäte, offenbar geläutert, wieder in den Schoß der FWG-Fraktion zurück.

Wer nun geglaubt hatte, die Angelegenheit sei durch gegenseitige Ehrenerklärungen bereinigt, sah sich getäuscht. Im Mai 1989 legten Hans Anger, Hans-Heribert Grasmann und Rolf Müsken ihre Mandate nieder und schieden aus dem Gemeinderat aus. Wieder allenthalben große Überraschung, vor allem bei Helmut Schaible, der zu träumen glaubte. Ihren Austritt, so die drei Herren, hätten sie bewusst als FWG- und nicht als FBU-Gemeinderäte vollzogen, denn nur so sei der Makel der Verquickung von Amt und Beruf von ihnen genommen. Im Übrigen sei ihnen in einem Schreiben von Oberbürgermeister Ludwig zwar bestätigt worden, dass ihnen nichts vorzuwerfen sei, allerdings mit der Bemerkung, in der Politik dürfe man die Messlatte der Betroffenheit nicht so hoch hängen. Schließlich beklagten sie noch die einseitige Berichterstattung der Presse.

In der Öffentlichkeit und in der FWG herrschte weitgehend Unverständnis über das Verhalten und den verspäteten Austritt der drei Gemeinderäte. Denn wenn schon Moral und Ethik ins Feld geführt wurden, die nun alle früher vorgebrachten Gründe überlagerten, hätte das Gewissen schon im Mai 1988 schlagen müssen. Bei der offiziellen Verabschiedung im Gemeinderat legte Hans-Heribert Grasmann noch einmal die Gründe dar, bedauerte dabei aber auch, dass alles in dieser Form abgelaufen war. *„Man habe unter einer Behauptung gelitten, die wahrscheinlich so nie gefallen sei".* Auch Oberbürgermeister Ludwig fand versöhnliche Dankesworte und machte mit der Überreichung von Zinntellern reinen Tisch. Damals traten Helmut Betzler, Ulrich Gaissmaier und Wolfgang Bochtler als Nachrücker der Fraktion bei. Der Vorgang zeigte, dass trotz der vielbeschworenen Geschlossenheit der FWG-Fraktion divergierende Interessen nun stärker in den Vordergrund traten.

Im gleichen Jahr unterlief dem Fraktionschef eine Fehleinschätzung im Blick auf die Kommunalwahlen 1989. Er setzte gegen Widerstände in der Fraktion durch, dass die FWG mit einer weiteren Liste, der Liste Junge Ulmer Bürger, antrat. Im Ergebnis brachte diese Liste keinen Kandidaten durch, und auch der Wahlstratege Botzenhart musste mit einem Minus von 3.000 Stimmen Federn lassen. Gaissmaier, der seinerzeit den Wiedereinzug in den Gemeinderat verpasste, meinte, dass dies *„Botzenhart nicht den Kopf koste"*, dass man sich aber über den Vorsitz in der Fraktion Gedanken machen müsse. Botzenhart war nach diesen Vorgängen sicher nicht mehr ohne Selbstzweifel, aber im Rückblick daraus ein beginnendes Niedergangsszenario zu entwerfen, greift sicher zu kurz. Er war souverän genug, die volle Verantwortung für die Wahlpanne zu übernehmen, und mit seiner Stimmenzahl lag er immer noch auf dem fünften Platz aller Kandidaten. Ein Zeichen, dass er in der Bürgerschaft immer noch gut verankert war.

Der Bürgerentscheid vom 16. Dezember 1990

Oberbürgermeister Ludwig strebte gemeinsam mit den Fraktionen der CDU und FWG die Untertunnelung der Neuen Straße und den Bau einer Tiefgarage für 900 Plätze an. Dagegen erhob sich Widerstand in Gestalt einer Bürgerinitiative, die Jürgen Filius und Hartmut Pflüger mit dem Ziel eines Bürgerentscheids ins Leben gerufen hatten. Der Gemeinderat stimmte schließlich für den Bürgerentscheid, dem Udo Botzenhart wesentlich optimistischer entgegen sah als Ernst Ludwig. Der am 16. Dezember 1990 durchgeführte Bürgerentscheid bescherte dann den Tunnelbefürwortern eine vernichtende Niederlage. 81,5 Prozent der Ulmer votierten gegen den Tunnel. Im Gegensatz zu 1987 wurde das Quorum von 30 Prozent der Stimmberechtigten nicht nur erreicht, sondern sogar übertroffen. Damit bekamen die hochfliegenden Pläne der Verwaltung und der bürgerlichen Mehrheit im Gemeinderat am Ende des erfolgreichen Jahrzehnts der „Ära Ludwig" einen herben Dämpfer. Der von Ernst Ludwig geprägte Satz *„Stadt ist Stein"* begann sich langsam zu der schon früher von Ivo Gönner propagierten Aussage *„Stadt ist Leben"* zu wandeln.

Doch zunächst schlug die Stunde von Udo Botzenhart. Ohne die Fraktion zu konsultieren, initiierte er einen Arbeitskreis für Verkehrs- und Stadtentwicklung. Ihm sollten Vertreter des Gemeinderats, der Bürgerschaft, vor allem aber der gegen die Untertunnelung gebildeten Bürgerinitiative angehören. Unter dem Motto *„Mehr Bürgernähe bei den Planungen"* ging er bewusst auf die Tunnelgegner zu. Beiläufig schlug er noch eine Straßenbahnlinie durch die Neue Straße vor, nachdem er schon 1977 einen Innenstadtring ins Spiel gebracht hatte. Der Arbeitskreis wurde gebildet, den Vorsitz übernahm Udo Botzenhart. Stellvertreterin wurde Ilse Winter. Damit gab die FWG die schon an Nibelungentreue erinnernde Bindung an die CDU auf und öffnete sich Zweckbündnissen. Obwohl in der FWG-Fraktion über die Annäherung an die „Bunte Liste" nicht eitel Freude herrschte, hatte Botzenhart ohne ideologische Scheuklappen schnell und sachdienlich reagiert. Vor allem ihm war es zu danken, dass die Verkehrsplanung in Ulm und Neu-Ulm mit weiteren Gutachten auf der Tagesordnung blieb. Nicht zuletzt mit einer Machbarkeitsstudie zum Ausbau der Straßenbahn, die neben anderen in Zusammenarbeit mit Gerhard Heimerl entstand. In einem Bericht in der Südwest Presse wurde die Gründung des Arbeitskreises völlig zurecht als *„i-Tüpfelchen"* seiner politischen Arbeit gewürdigt.

Bevor sich der Gemeinderat 1991 in die Sommerpause verabschiedete, griff Botzenhart noch kurz in die Kiste seiner zuweilen ganz originellen Vorschläge. Man denke nur an seinen Vorstoß, den Ulmer Hauptbahnhof auf die Albhochfläche zu verlegen. Nun musste wieder einmal die Erhöhung der Gewerbesteuer herhalten. Dieses Mal zur Finanzierung der Straßenbahn. In Ergänzung dazu sollten die Verkehrsbetriebe aus dem Verband der Stadtwerke Ulm/Neu-Ulm herausgelöst und in eine eigene Gesellschaft überführt werden. Beide Vorschläge stießen indes auf einhellige Ablehnung. Sowohl die Industrie- und Handelskammer als auch die Handwerkskammer sprachen sich gegen eine Erhöhung der Gewerbesteuer aus, und die Stadt lehnte eine Ausgliederung der Verkehrsbetriebe kategorisch ab.

Wer wird Nachfolger von Ernst Ludwig?

Diese Frage beschäftigte die Gemüter, während ein zwar langer, aber betont sachlicher Wahlkampf der beiden Kandidaten ablief. Auf der einen Seite der bewährte und erfahrene Kommunalpolitiker Karl Friedrich Kirchner, auf der anderen Seite der eloquente und die Bürgernähe suchende Ivo Gönner. Der eine Fraktionsvorsitzende der CDU, der andere der SPD. Unentschieden, *„das Weltkind in der Mitten"*: die FWG. In der Öffentlichkeit wartete man gespannt auf eine Empfehlung der FWG für einen der beiden Kandidaten oder gar die Präsentation einer dritten, auswärtigen Persönlichkeit. Eine besondere Rolle maß man wieder einmal Udo Botzenhart bei, der seit 1984 im Ruf des „Königsmachers" stand, den er schon 1972 als Vorstand des Wahlausschusses seines Freundes Hans Lorenser begründet hatte.

Durch enge Zusammenarbeit im Gemeinderat Kirchner verbunden, unterstützte er anfänglich dessen Kandidatur. Bald geriet er jedoch in ein Dilemma. Er wusste um die Stimmung in der Bürgerschaft und ahnte den ungewissen Ausgang der Wahl.

So war er sich, auch als bald 70-Jähriger, seiner künftigen Position nicht sicher. Eine für ihn ungewohnte und vor allem irritierende Situation. So entschied er sich in einer Mischung aus emotionalen und rationalen Motiven zum Rücktritt. Als nachvollziehbare Begründung führte er noch an, für jüngere Kräfte Platz machen zu wollen.

Die Überraschung war perfekt. In der Öffentlichkeit wie in der Fraktion. Einzelne Mitglieder konnten diesen Schritt nicht verstehen, zumal es Botzenhart als integrierende Autorität immer wieder geschafft hatte, die aus vielen Listen kommenden Kandidaten mit ihren divergierenden Interessen zusammenzuhalten. Er musste sich auch den Vorwurf gefallen lassen, bei zwei seiner übrigen wichtigen Funktionen kompetente Nachfolger präsentiert zu haben. Bei der TSG Söflingen Walter Feucht, bei der Stadtkapelle Götz Hartung. In der Fraktion wollte ihm das nicht gelingen. Erschwerend kam dazu, dass dort der „Mittelbau" fehlte, die wenigen Jungen noch nicht die nötige Erfahrung hatten, so dass die Fraktion als betuliches Gremium älterer Herren galt.

In der Fraktionssitzung am 7. Oktober 1991 wurde für eine Übergangszeit Lothar Schultheiß zum Vorsitzenden gewählt. Er gehörte schon lange der Fraktion an, war ein erfahrener Kommunalpolitiker, der kein Blatt vor den Mund nahm und mit seiner Meinung nicht hinter dem Berg hielt. Stellvertreter wurden Karl Kässbohrer und Helga Malischewski. Ab 1. Januar 1993 amtierte dann ein jüngeres Fraktionsmitglied, Gerhard Bühler. Es war kein Geheimnis, dass Schultheiß lieber Kässbohrer als seinen Nachfolger gesehen hätte. Der hatte jedoch aus beruflichen Gründen abgelehnt. Helga Malischewski übernahm zusätzlich das neu geschaffene Amt der Geschäftsführerin. Und zwar in den neuen Geschäftsräumen in der Hirschstraße. Bisher hatte man, wie eine Stammtischrunde Botzenharts, meist im Nebenzimmer des Ratskellers getagt. Sehr zum Missvergnügen von Schultheiß,

Dreamteam. Die erfolgreiche „Ära Ludwig". Repräsentiert durch Ernst Ludwig, Karl Friedrich Kirchner und Udo Botzenhart.

der es „*auf Dauer untragbar fand, Sitzungen und Besprechungen in Nebenzimmern von Wirtschaften abhalten*" zu müssen. Der Umzug in die Geschäftsräume im Rathaus erfolgte dann ja auch erst nach Botzenharts Ausscheiden im Jahr 2000.

Während sich in der Fraktion der Pulverdampf verzog, erfolgte die erwartete, niemand überraschende Empfehlung für den Kandidaten Kirchner. „*Ja, für wen denn sonst*" hieß es angesichts des langjährigen Bürgerblocks CDU/FWG. Die Wahl zum neuen Ulmer Oberbürgermeister gewann dann der Sozialdemokrat Ivo Gönner, der allerdings wie seine Vorgänger von der CDU sein Amt ohne Parteirücksichten ausübte. Der unterlegene Kandidat Karl Friedrich Kirchner zog sich nach der Wahl ganz aus der Kommunalpolitik zurück.

Nach dem Ausscheiden von Udo Botzenhart 1991, übernahm der erfahrene Kommunalpoliker Lothar Schultheiß den Vorsitz der FWG-Fraktion.

Die Stadt, der Müll und die FWG. Der zweite Teil

In einer Sitzung des Gemeinderats am 22. Februar 1995, in der wieder einmal das Endlosthema Müll diskutiert wurde, brachte es der CDU-Gemeinderat Gerd Dusolt auf den Punkt: *"Seit 20 Jahren diskutiert man, fasst Beschlüsse, sucht Partner, gibt sie wieder auf und landet schließlich im Müllchaos".*

Seit 1991 herrschte in Ulm tatsächlich der Müllnotstand, da die Deponie Pagny-sur-Meuse geschlossen wurde. Da eine Reihe von Städten anbot, in begrenzten Mengen Ulmer Müll aufzunehmen, entspannte sich die Lage etwas, aber es bestand dringender Handlungsbedarf. Mittlerweile hatte die FWG ihre Pyrolysepläne und die Verbindungen zum BRAM Werk im Kreis Heidenheim aufgegeben, und die Stadt hatte sich dem Alb-Donau-Kreis angenähert. 1988 war dann klar, dass Ulm und der Alb-Donau-Kreis den Bau einer Müllverbrennungsanlage im Donautal vorantreiben mussten. Anders als 1980 konnte die Verwaltung nun der Unterstützung der FWG sicher sein. Die reuigen Sünder taten sogar alles, um ja keine Verzögerungen entstehen zu lassen. Der FWG-Stadtrat Stahl bekannte 1989, dass er einst größter Gegner der Verbrennung gewesen sei. Doch jetzt seien er und andere der Meinung, *"ohne Verbrennung"* gehe nichts, und in Wiblingen sehe man die Notwendigkeit einer Restdeponie im Alb-Donau-Kreis. Als am Ende der Planungs- und Genehmigungsphase, die von dem Gutachten Tabarasans bestimmt war, die SPD 1995 für eine „Umkehr" plädierte, lehnte die FWG dies kategorisch ab. Verbunden mit dem Hinweis auf die *"harte Lernphase"*, die sie hinter sich habe. Der 1991 gegründete Zweckverband „Thermische Abfallverwertung Donautal" (TAD) plante und baute die Müllverbrennungsanlage im Industriegebiet Donautal. Dagegen konnte auch die Bürgerinitiative „Das bessere Müllkonzept" nichts mehr ausrichten. Da in Weißenhorn bereits eine Anlage stand, halbierte sich, allerdings immer noch überdimensioniert, die Größenordnung gegenüber 1980 auf 110.000 Tonnen bei moderner Technologie. Dies war Balsam für die Seele Udo Botzenharts, der nun, ganz Politiker, doch etwas Gutes in seiner damaligen Ablehnung zu erkennen glaubte.

Die Stadt, der Müll und ein sichtlich bedrückter Oberbürgermeister, 1991.

Der kommunalpolitische Unruheständler

Am 10. Oktober 1991 war Botzenhart aus dem Gemeinderat ausgeschieden. Die Kommentare hatten es in sich. Während sein Freund Ernst Ludwig von dem Vorhaben wusste, blieb Helga Malischewski *"die Spucke weg".* Weiter vermutete sie, dass er des *"Raufens müde"* sei. Ivo Gönner gab sich staatstragend und bescheinigte Botzenhart, er habe mit der Gründung des Arbeitskreises für Verkehrs- und Stadtentwicklung *"einen Beitrag zur politischen Kultur"* geleistet. Eberhard Lorenz erinnerte sich vergnügt an *"prächtige Auseinandersetzungen"*, wusste aber in bezeichnender Weise nicht mehr konkret worüber. In Söflingen verbreitete derweil Botzenhart selbst, dass er eigentlich schon 1989 aufhören wollte, und dass sein Rücktritt keineswegs mit dem Streit um die Blauäcker zu tun habe. Die von ihm dort geplante Nutzung für eine Sportanlage war nämlich auf allgemeine Kritik gestoßen.

Die Lobgesänge über den, wie es in der Presse hieß, *„fähigsten, in der Sache kompetentesten Gemeinderat"* waren verklungen, als *„das alte Schlachtross"* sein politisches Comeback vorbereitete. Dabei bot ihm der Freundeskreis der UWS die passende Bühne. Im April 1992 war dessen Vorsitzende, Christa Wiesmüller, für weitere zwei Jahre im Amt bestätigt worden. Bei dieser Versammlung sprach sie im Hinblick auf die Aktivitäten der CDU und SPD von *„schweren Zeiten"* für die UWS. Als Wahlziel nannte sie, wie 1985, fünf Sitze im Gemeinderat.

So weit, so gut. Als dann ein Jahr später, bei einer Versammlung des Freundeskreises am 20. März 1993 über die Bildung eines Wahlkampfteams gesprochen wurde, hielt es der ungeduldige Botzenhart nicht mehr aus. In seiner hemdsärmeligen Art bestand er auf der sofortigen Etablierung eines Wahlkampfteams, was die überraschte Christa Wiesmüller akzeptierte. Botzenhart redete sich dann vollends in Rage und erinnerte an die Glanzzeiten der UWS, die in Söflingen die CDU und SPD hinter sich gelassen und kräftig *„abgeräumt"* habe.

Wie nicht anders zu erwarten, trat Christa Wiesmüller eine Woche später zurück. Botzenhart hatte, wie das auch andere Beobachter sahen, mit seinem Auftritt den Bogen doch überspannt. Nachdem Fakten geschaffen waren, folgte das übliche Ritual. Aussprache, scheinbare Bereinigung der Angelegenheit und öffentliche Entschuldigung. Botzenhart bedauerte zwar die Tonart, aber nicht die Musik. Höhepunkt der kleinen Söflinger Tragikomödie in drei Akten war dann die Wahl Botzenharts zum neuen Vorsitzenden des Freundeskreises. Es war eine gemäßigte Denkzettelwahl, denn bei 17 Ja-Stimmen gab es sechs Nein-Stimmen und fünf Enthaltungen.

Im Kreis der Gemeinderatskollegen- und kolleginnen würdigt Helga Malischewski 1991 die Verdienste des scheidenden Fraktionsvorsitzenden.

Just zu dieser Zeit gab Udo Botzenhart einen anderen Vorsitz ab, nämlich den im Arbeitskreis für Verkehrs- und Stadtentwicklung. Den Termin seines Rücktritts hatte er zuvor Ilse Winter angekündigt: *„Des verspreche Eahna".* Nachdem ihm dort 1992 die Vertreter der CDU abhanden gekommen war, räumte er ein Jahr später ein, dass es ihm nicht gelungen sei, überparteiliche Gesprächspartner an den Verhandlungstisch zu bringen. Im Gegenteil war eher eine Politisierung zu beobachten, denn der Arbeitskreis diente in einigen Fällen als Sprungbrett in den Gemeinderat. Zusätzlich meldete sich der Fraktionsvorsitzende der FWG, Gerhard Bühler, zu Wort und verkündete: *„So himmelhoch jauchzend haben wir den Ausschuss ja nie begrüßt".*

Wieder einmal für Überraschung sorgte der Vorschlag des „Unruheständlers" Botzenhart, die Stadtwerke an die EVS zu verkaufen sowie mit dem Erlös Schulden zu tilgen und das Straßenbahnprojekt zu fördern. Die FWG-Fraktion mit ihrem neuen Vorsitzenden Gerhard Bühler versicherte zwar brav, sie stehe, mit Ausnahme von Schultheiß, hinter diesem Vorstoß, aber sowohl die CDU und die SPD Fraktionen als auch die Verwaltung lehnten einen Verkauf ab.

Udo ante portas

Der Kandidat, mittlerweile im 72. Lebensjahr, gab sich selbstbewusst und bezeichnete sein Ausscheiden 1991 als großen Fehler, zumal die Kommunalpolitik praktisch sein Leben sei. Oberbürgermeister Ivo Gönner zeigte sich angesichts der „Vorboten" keineswegs überrascht. Dem schloss sich auch der gestandene FWG-Mann Schultheiß an, der sich aber einen Seitenhieb nicht verkneifen konnte. Er sei ja wohl als Fraktionsvorsitzender „weggelobt" worden, um dem jüngeren Gerhard Bühler Platz zu machen. Nun kehre, mit ungewissen Folgen für den Fraktionsvorsitz, ein Kandidat zurück, der drei Monate älter als er sei. Eine in der Tat bemerkenswerte Verjüngungskur der Fraktion.

Doch die kommunalpolitische Szene hat ihre eigenen Gesetze. Neben den Themen Nahverkehr, Wirtschaftsförderung und Touristik-Marketing barg, verbunden mit dem Bereich Verwaltungsreform, keine der vier Listen soviel Zündstoff wie die der UWS. Denn wenn von Verwaltungsreform die Rede war, ging es vornehmlich um die Personalie Katz. Botzenhart wollte nämlich nichts weniger als die Abschaffung des Finanzdezernats. Er ging auch schon einmal daran, die künftigen Zuständigkeiten an die verschiedenen

„Des verspreche Eahna!"

Ressorts zu verteilen. In durchaus populistischer Manier bemerkte er dazu: *„Alle Leute sagen, jetzt fängt man wenigstens oben, und nicht immer unten an."* All dies versprach „Streitkultur" und natürlich auch hohen Unterhaltungswert. Denn auch in der Fraktion erhoben sich Gegenstimmen, wie die von Karl Kässbohrer, der mit Inhalt und Stil des Vorgehens nicht einverstanden war und klarstellte, dass es sich um die Meinung eines Kandidaten der UWS und nicht der FWG handle.

Bei den Kommunalwahlen im Sommer 1994 erzielte Udo Botzenhart dann mit knapp 20.000 Stimmen ein Traumergebnis, das sich trefflich ummünzen ließ. Da Gerhard Bühler demgegenüber nur 8.000 Stimmen erreichte, war Botzenhart der Fraktionsvorsitz nicht zu nehmen. Von den elf Fraktionsmitgliedern votierten dann auch zehn für ihn.

Seitenwechsel

Von 1991 bis 1993 hatte Udo Botzenhart im Arbeitskreis für Verkehrs- und Stadtentwicklung mit Vertretern aller Parteien und Gesellschaftsgruppen zusammengearbeitet. Nach seiner Rückkehr in die Fraktion 1994 kam es zur Überraschung seiner Kollegen zu einem Treffen mit dem Fraktionsvorsitzenden der SPD, Martin Rivoir. In aller Unschuld, versteht sich. Aufsehen erregte es dennoch, waren CDU und FWG während der Amtszeit Ludwigs doch unverbrüchliche Partner gewesen. Nun wollte die FWG die Zukunft der Stadt *„Hand in Hand"* mit der SPD gestalten. Denn nie war ja soviel Zukunft und Innovation wie in den 1990er Jahren. 1995 tagten die Innenstadtforen zur Zukunft der Neuen Straße, drei Jahre später war man auf der Suche nach einer umweltgerechten Zukunft und fragte: *„Ulm, wohin?"* Recht bodenständig ging es dann bei der ersten gemeinsamen Pressekonferenz im Mai 1996 zu. Da sah Botzenhart *„keine Chance für eine sachbezogene, stadtpolitische Zusammenarbeit mit der Fraktion der Christdemokraten".* Dies lag sicher auch daran, dass die Chemie mit der Fraktionsvorsitzenden, Monika Stolz, nicht so recht stimmte.

Spurwechsel

Das zentrale Sachproblem jener Jahre war der ÖPNV. Die SPD, die Grünen und, zu diesem Zeitpunkt, auch die FWG waren für die Straßenbahn, die CDU für eine Buslösung. Nun wäre der alte Haudegen Botzenhart sich selbst untreu geworden, hätte er die Annäherung an die SPD um ein Linsengericht eingeleitet. Die SPD-Fraktion zeigte sich kompromissbereit beim Bau der Blautalbrücke, dem Parkhaus beim Grünen Hof und der Westtangente. Also ganz schöne Brocken. So stand dem neuen Zweckbündnis nicht mehr viel im Wege. Die von dem gewieften Taktiker vollzogene Wende hatte natürlich auch den Charme, dass an der Spitze der Verwaltung ein populärer SPD-Oberbürgermeister stand, der über die Parteigrenzen hinaus eine Politik betrieb, die von der FWG mitgetragen werden konnte. Und Botzenhart stand traditionell da, wo die Musik spielte. Ohne das Konzert groß zu stören, konnte er da hin und wieder auch für ein publikumswirksames Solo sorgen. Die Grünen sahen schon *„eine neue Dreieinigkeit"*, bestehend aus Ivo Gönner und den SPD- und FWG-Fraktionen.

Die FWG samt der Fraktionsspitze sah die Lösung des ÖPNV-Problems in Verbindung mit der Straßenbahn. Im Lauf der Zeit, während das Thema etwas vor sich hin dümpelte, machte sich jedoch ein schleichender Umdenkungsprozess, vor allem bei Udo Botzenhart, bemerkbar. So verband er einmal eher beiläufig das Bekenntnis zur Straßenbahn mit der bis Ende 1997 erwarteten Zuschuss-Zusage von Bund und Land. Und zwar für alle fünf Linien, die im Generalverkehrsplan von 1995 projektiert waren. Vollends hellhörig wurde das Publikum, als die FWG-Fraktion nach einer Werksbesichtigung von Evo Bus eine Pressekonferenz gab, in der die Frage der Folgekosten in den Mittelpunkt gerückt wurde. Sie er-

Schiene und Straße. Ehinger-Tor-Unterführung, 1972. Seit 1945 ein Dauerthema: die städtische Verkehrsplanung. Nach der anfänglich „autogerechten" Stadt, stellte sich zunehmend die Frage nach dem Öffentlichen Personennahverkehr, der sich schließlich auf die Entscheidung Straßenbahn oder Bus zuspitzte. Nach zahlreichen Gutachten, Planungen und Bürgerentscheiden, zeichnet sich heute die Entscheidung für ein konstruktives Miteinander von Auto, Bus und Schienenverkehr ab.

wiesen sich nämlich bei einem Busbetrieb, den Evo Bus einzurichten versprach, als günstiger.

Um nicht als „Umfaller" zu gelten, setzte Botzenhart alles daran, dieses Bild erst gar nicht entstehen zu lassen. So fuhr er nach Bonn in das Verkehrsministerium, wo er gemeinsam mit dem Abgeordneten Heinz Seiffert erfahren musste, dass eine Bezuschussung zwar möglich war, ein formal korrekter Antrag auf Bezuschussung der Straßenbahnlinien aber überhaupt noch nicht gestellt worden war. Einigermaßen frustriert fuhr Botzenhart nach Ulm zurück. Dort lud er dann zu Veranstaltungen in das Stadthaus ein, wo die Bürgerschaft von Fachleuten weniger über die Straßenbahn als über einen günstigeren Busbetrieb informiert wurde. In der zunehmend kontrovers diskutierten Frage Bus oder Straßenbahn sollte nun wieder einmal ein Bürgerentscheid die Lösung bringen. Die SPD stand derweil, wie die CDU-Fraktionsvorsitzende Monika Stolz genüsslich bemerkte, trotz aller schönen Zugeständnisse ohne ihren Partner FWG da.

Über die Wende Botzenharts, der, in diesem Fall ganz Kaufmann, dafür ausschließlich wirtschaftliche Gründe ins Feld führte, waren vor allem Ilse Winter und Jürgen Filius enttäuscht. Sie erinnerten an seine engagierte Tätigkeit in dem von ihm geleiteten Arbeitskreis und seinen Einsatz für die Straßenbahn und bedauerten, dass er *„die Früchte seiner Arbeit nicht ernten wollte"*.

Bei der Gemeinderatssitzung am 12. Mai 1999 gab Oberbürgermeister Gönner eine Grundsatzerklärung ab, bei der es um den Öffentlichen Nahverkehr ging. Er erinnerte daran, dass eine Machbarkeitsstudie für fünf Linien vorliege, dass es nun aber an der Zeit sei, die Planungen zu beenden, oder aber, was er und Beate Merk wollten, einen Förderantrag zu stellen. Abschließend schlug er einen Bürgerentscheid vor, der dann am 11. Juli 1999 stattfand. Er endete mit einer knappen Niederlage der Straßenbahnbefürworter. Da das Quorum von 30 Prozent nicht erreicht worden war, fiel die Entscheidung an den Gemeinderat zurück. Ivo Gönner hielt sich jedoch an das Votum der Bürger und setzte sich gemeinsam mit der Neu-Ulmer Oberbürgermeisterin Beate Merk für einen zügigen Ausbau des Bussystems ein. Es gab dann noch einige Nachhutgefechte im Gemeinderat und einen offenen Brief Udo Botzenharts an den Oberbürgermeister, aber im Ergebnis war man wieder bei der Rechtslage von 1995 angelangt.

Mittlerweile hat sich das Blatt gewendet. Mit dem Ausbau der Linie 1 bis Böfingen haben die Straßenbahnbefürworter Oberwasser bekommen. Mancher Saulus des Jahres 1999 ist zum Paulus des Jahres 2009 geworden, der die Zukunft in einem intelligenten Verbundsystem von Straße und Schiene sieht und schon die Linienführung auf den Eselsberg im Blick hat.

In der causa Ulm/Neu-Ulm hatte Udo Botzenhart mit Blick auf die jenseits der Donau gelegenen Ulmer Grundstücke und die mögliche Zusammenlegung von Ämtern immer wieder vergebliche Vorstöße unternommen. Im Jahr 1996, als man an das 25. Jubiläum des Städtevertrags erinnerte, erzielten er und die FWG-Fraktion jedoch einen schönen Erfolg. Sie setzten im Gemeinderat die Gründung einer Gesellschaft durch, die den Erlös aus Grundstücksverkäufen in größere Projekte investieren sollte. Die heutige Projektentwicklungsgesellschaft (PEG) ist unter anderem stark in der Wissenschaftsstadt engagiert. Mit dem bereits 1998 von Beate Merk und Ivo Gönner avisierten und seit 2000 tätigen Stadtentwicklungsverband Ulm/Neu-Ulm begann dann eine neue Ära in der Geschichte der Beziehungen zwischen den beiden Städten. Bemerkenswert ist, dass dieser Verband bundesweit einmalig ist und heute bereits um vier Nachbargemeinden erweitert werden konnte.

Mit der Unterzeichnung des Städtevertrags am 15. Januar 1971 durch die beiden Oberbürgermeister Dietrich Lang und Theodor Pfizer begann eine neue Ära in der Zusammenarbeit von Ulm und Neu-Ulm. Anlässlich des 20-jährigen Bestehens 1991 erfuhr man, dass der Gedanke dazu bei einer Wanderung der beiden Freunde Udo Botzenhart und Ernst Ludwig in der schönen Landschaft des Oberrheins geboren wurde. Der darüber informierte Theodor Pfizer fand Gefallen und ließ die Vorschläge in den Vertrag einfließen.

Der Rücktritt und sein Folgen

Völlig überraschend legte Udo Botzenhart am 10. Mai 1999 den Fraktionsvorsitz nieder. Er begründete diesen Schritt mit der Spaltung der Fraktion in Befürworter und Gegner der Straßenbahn. Aus seiner Sicht war damit eine vertrauensvolle Zusammenarbeit nicht mehr gewährleistet. Enttäuscht hatte ihn vor allem, dass er nicht von der Fraktion, sondern von Oberbürgermeister Gönner erfahren musste, dass Karl Kässbohrer, Gerhard Schmatz und Reinhold Eichhorn die Straßenbahn befürworteten. Dadurch war vor allem das Vertrauensverhältnis mit Eichhorn gestört, den er seit 1991 quasi als Ziehsohn gefördert hatte. Der wiederum konnte nicht verstehen, dass er als Vorsitzender des Freundeskreises der UWS bei der Gemeinderatskandidatur hinter Walter Feucht zurückstehen musste. Insgesamt also eine Geschichte, bei der Udo Botzenhart nicht mehr ganz Herr des Verfahrens war. Was 1956 mit soviel Elan und Aufbruchsstimmung in Söflingen

100 | Der engagierte Kommunalpolitiker

begonnen hatte, endete nun in einer etwas angespannten Atmosphäre.

Udo Botzenhart gehörte der Fraktion weiterhin an. Auch eine erneute Kandidatur schloss er nicht aus. Dies tat er sich wegen seines Alters und der veränderten Konstellation aber dann doch nicht mehr an. Angesichts der immer stärkeren Einbindung der Bürgerschaft bei wichtigen kommunalpolitischen Entscheidungen, einer auf Budgetierung beruhenden dezentralen Verwaltung und dafür notwendiger kommunikativer Prozesse von Fachleuten, waren einflussreiche Generalisten und Patriarchen seines Schlages nicht mehr zeitgemäß.

Ab und zu polternd, aber auch nachdenklich. Bei Haushaltsberatungen 1969, und 26 Jahre später, 1995.

Nach 40-jähriger Tätigkeit trat Udo Botzenhart von der kommunalpolitischen Bühne ab. In seiner Abschiedsrede am 20. Oktober 1999 vor seinen sichtlich ergriffenen Gemeinderatskollegen sprach noch einmal der *elder statesman*. Im November 1970 hatte er einmal in einer Gemeinderatssitzung gesagt: *„So finster, wie sie dargestellt wird, ist die finanzielle Lage der Stadt wirklich nicht, zumal bei diesem Rückhalt an Privatvermögen".* Dieser Linie blieb er bis zu seiner Abschiedsrede treu. In der ihm eigenen Manier rechnete er den Schuldenstand der Stadt noch einmal gehörig nach unten. Im Alter etwas unduldsam geworden, wies er anschließend den jüngeren Stadtrat Jürgen Filius zurecht, der dazu eine kritische Bemerkung gemacht hatte. Finanzbürgermeister Katz dagegen, den er früher überall lieber gesehen hätte als im Rathaus, erntete als umsichtiger Finanzfachmann großes Lob. Das lag wohl daran, dass Katz in der Nahverkehrsfrage auf seiner Linie lag. Dem Finanzbürgermeister gelang dann beinahe die Quadratur des Kreises. Er sprach, trotz der städtischen Schulden, einfühlsam verklausuliert von *„vielen Ansatzpunkten bei deren Feststellung"* und von erfreulichen Entwicklungen. Damit war zur allseitigen Zufriedenheit ein schöner Schluss gefunden, den auch Ivo Gönner freudig bestätigte.

Botzenharts Visionen von einer guten Zukunft der Stadt, für die er so viel getan hatte, kreisten abschließend dann vor allem um das leidenschaftlich verfolgte Projekt Bahnhofüberbauung und die sehnlichst gewünschte *„kleine Schleyerhalle".*

Am 1. Dezember 1999 wurden die 15 ausscheidenden Gemeinderäte feierlich verabschiedet. In Form einer kleinen Schwörrede ließ der Oberbürgermeister die vergangenen Jahre Revue passieren, erinnerte an die vielen Aufgaben, die Verwaltung und Gemeinderat gemeinsam bewältigt hatten, und wies auf die Projekte hin, die sie auf den Weg gebracht hatten. Im Blick auf das neue Jahrtausend sah er die Stadt gut gewappnet.

Gelebte Bürgernähe

Nach seiner Verabschiedung als Gemeinderat konnte Udo Botzenhart von seinem Söflinger Olymp zufrieden auf seine kommunalpolitische Tätigkeit zurückblicken. Für viele Ulmer, vor allem aber für seine Söflinger, war er einfach die personifizierte kommunale Selbstverwaltung: allzuständig und allgegenwärtig. Gelebte Bürgernähe und gezielte Öffentlichkeitsarbeit gingen dabei Hand in Hand. Die Wähler dankten ihm sein stetiges Engagement auf ihre Weise. Er erhielt tausende von Stimmen aus anderen politischen Lagern durch Stimmenhäufung oder Übertragung seines Namens auf andere Wahllisten.

Dies war die beste Bestätigung für das, was er immer sein wollte. Ein Vertreter der Bürgerschaft, der sich ohne Parteirücksichten zum Wohl des Einzelnen und des Ganzen einsetzt.

Der Söflinger Klosterhof.
Ein schönes Beispiel für die gelungene Sanierung.

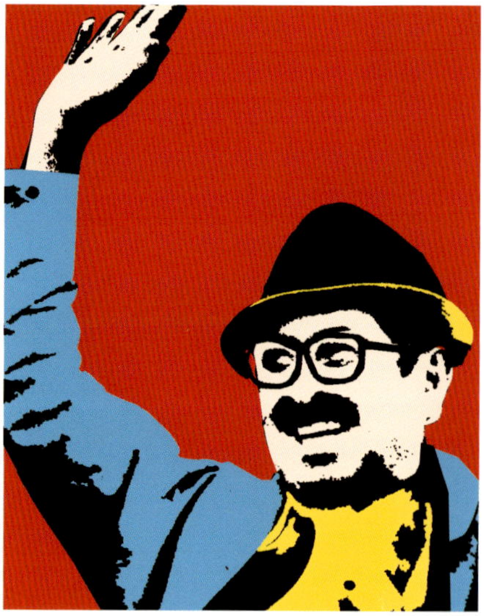

Das Phänomen Botzenhart

Hans-Uli Thierer

„Söflinger mit Blick für das Ganze": Ein Gespräch mit Oberbürgermeister Ivo Gönner

Udo Botzenhart und Ivo Gönner: Annäherung zweier Wesensgleicher
Als die beiden sich 1980 erstmals unmittelbar auf der kommunalpolitischen Bühne begegneten, waren sie sich alles andere als nah – und gewiss auch nicht grün: hier Udo Botzenhart, damals schon 24 Jahre lang Stadtrat, allmächtiger Vorsitzender der FWG und mit dem CDU-Fraktionsvorsitzenden Karl Friedrich Kirchner die Stimme des bürgerlichen Blocks in Ulm, ein Platzhirsch; da Ivo Gönner, gerade mal 28 Jahre alt, frisch gebackener Rechtsanwalt, Neuling im Gemeinderat und, was zur damaligen Zeit in Ulm durchaus noch eine Bürde sein konnte, Sozialdemokrat, gar einer mit Vergangenheit als aktiver Juso, deren Landesvorsitzender Ivo Gönner vor seiner Rückkehr aus der Heidelberger Studentenzeit nach Ulm zwei Jahre lang gewesen war.

Ivo Gönner heißt freilich auch: katholisch, Sohn einer angesehenen Laupheimer Apothekerfamilie, bürgerliche Wurzeln also; wie Botzenhart Schwabe im Herzen, gleichsam ein Mann mit Sinn für die Strömungen der Zeit, mit Gespür, was die Bürger aufregt, mit Instinkt für die Bedürfnisse nach Botschaften zum richtigen Zeitpunkt.

Udo Botzenhart, einziger Stadtrat, der alle vier Ulmer Nachkriegs-Oberbürgermeister am Ratstisch erlebt hat, und Ivo Gönner standen sich anfangs als politische Kontrahenten gegenüber. Zumal 1983, als Gönner, 31-jährig, im Kampf um den Sessel des Ulmer Oberbürgermeisters gegen den Botzenhart-Intimus Ernst Ludwig auf verlorenem Posten stand.

Acht Jahre später sollte sich das Blatt für Ulmer Verhältnisse geradezu dramatisch wenden: Gönner zog triumphal als neuer Oberbürgermeister ins Rathaus ein, nachdem er gleich im ersten Wahlgang die absolute Mehrheit gegen seinen CDU-Kontrahenten Karl Friedrich Kirchner und den Grünen-Kandidaten Thomas Oelmayer hatte erzielen können. Udo Botzenhart hatte dieses Debakel für die CDU kommen sehen. Er schmiss wenige Monate vor der Wahl den Bettel hin, schied aus dem Gemeinderat aus und damit auch aus dem Zirkel der aktiven Kirchner-Unterstützer.

Die schwer angeschlagene Industriestadt Ulm steckte damals unter Oberbürgermeister Ernst Ludwig in einem bitter notwendigen Strukturwandel, der auch zu neuer Stadtqualität verhelfen sollte. Ludwigs Regiment war streng, er erschien den Bürgern distanziert, fast unnahbar. In Ivo Gönners Wahl zum OB drückte sich daher nun auch die Sehnsucht der Ulmer nach Unmittelbarkeit und Nähe zur Stadtobrigkeit aus, ja nach Herzlichkeit. Mit Ivo Gönner kehrten Volksverbundenheit und Bürgernähe, wie sie Ludwigs Vorgänger Hans Lorenser auf unnachahmliche Weise vorgelebt hatte, ins Rathaus zurück.

Mit seiner Wahl gelang Gönner nicht nur eine Überraschung, die in ihrer Eindeutigkeit niemand vorausgesehen hatte. Der 1. Dezember 1991, der Tag dieser denkwürdigen Wahl, markiert auch, was in der Terminologie heutiger Politik als Paradigmenwechsel bezeichnet wird. Nicht, dass sich Freie Wähler und SPD seither ständig in den Armen lägen und in allen Fragen einig wären. Aber der bürgerliche Mehrheitsblock aus CDU und Freien Wählern, der bis dahin in Ulm wie gottgegeben erschien, besteht nicht mehr, jedenfalls ist er nicht mehr zementiert, wozu auch beiträgt, dass die Grünen fraktionsstark sind. Bündnisse werden mehr denn je in Sachfragen immer wieder aufs Neue geschlossen, Ivo Gönner ist ein Meister seines Faches, sie zu schmieden.

Nach seiner spektakulären Rückkehr an den Ratstisch begegnete Udo Botzenhart ab 1994 der großen politischen Linie des Sozialdemokraten Gönner offen. Darüber kann auch nicht hinwegtäuschen, dass die beiden in der Straßenbahnfrage miteinander übers Kreuz gerieten. Die Gemeinsamkeiten waren und sind größer. Was beide eint, ist ihre tiefe Überzeugung, dass eine Stadt nur als Bürgergesellschaft funktioniert, in der private Menschen sich in den Dienst der Allgemeinheit stellen, in der das Ehrenamt hoch und Begehrlichkeiten an die öffentliche Hand klein gehalten werden.

Das kommunale Ulmer Dreigestirn der 80er Jahre: Ivo Gönner, Karl Friedrich Kirchner, Udo Botzenhart, die Fraktionsvorsitzenden von SPD, CDU, Freien Wählern, hier bei einer Veranstaltung „Das Rote Sofa" im Roxy. Weil es auf der Couch zu dritt eng geworden wäre, saß Udo Botzenhart separat im Sessel.

Das Interview

Was sagt Ivo Gönner über Udo Botzenhart? Wie denkt er über ihr Verhältnis? Die Fragen an den Ulmer Oberbürgermeister stellte Hans-Uli Thierer.

Herr Gönner, was fällt Ihnen spontan ein, wenn Sie den Namen Udo Botzenhart hören?
Er ist einer der profiliertesten und populärsten Persönlichkeiten der Ulmer Kommunalpolitik. Wie kaum ein anderer hat Udo Botzenhart über Jahrzehnte das kommunalpolitische Geschehen in unserer Stadt wesentlich mitbestimmt.

Sie beide sind aus unterschiedlichem politischem (Farben-)Holz geschnitzt. Als lange Weggefährten standen sie sich mal gegenüber, mal waren sie sich einig. Was ist aus Ihrer Sicht die besondere politische Leistung Udo Botzenharts?
Vor einigen Jahren wurde ein Steinrelief, geschaffen vom Ulmer Künstler Hermann Geyer, in die Klostermauer in Söflingen eingefügt. Dies war ein demonstrativer Akt, damit ist auch in Stein gemeißelt Udo Botzenhart ein Teil der Geschichte Söflingens.

Aber er ist doch mehr als ein Söflinger ...
... weshalb es in der Inschrift auch heißt: „Stadtrat Udo Botzenhart: Söflinger Urgestein mit Blick fürs Ulmer Ganze". Dieser prägnante Satz sagt aus meiner Sicht alles Entscheidende aus über seine Leistung.

Was verdankt Ulm diesem Mann? Ist Ulm ihm zu Dank verpflichtet?
Zu großem Dank. Udo Botzenhart hat 40 Jahre lang als Stadtrat im Ulmer Gemeinderat ehrenamtlich gewirkt. Er hat sich in vielfältiger Weise im Musikbereich, im Sport, im kirchlichen Leben und im Vereinsleben bürgerschaftlich und ehrenamtlich vorbildlich engagiert. Er hat sich immer die Eigenschaft bewahrt, fest verwurzelt zu bleiben und trotzdem über den Tellerrand hinauszuschauen.

Welche Errungenschaften sind mit seinem Namen verbunden?
Beispielhaft möchte ich seinen großen Einsatz bei der Gründung der Universität Ulm nennen und seine Verdienste darum, dass die Industriestadt zur Wissenschaftsstadt Ulm umgebaut wurde.

Politik, die weit über die schönen Söflinger Kirchtürme hinausreicht also.
Wie gesagt, es ist sogar in Stein gemeißelt. Die Bürgerschaft der Stadt Ulm verdankt diesem Mann sehr viel, gerade weil er als Vertreter der Vorstadt und des Stadtteils Söflingen immer nach dem Motto gelebt und gehandelt hat: Wir sind alle gute Söflinger, aber nie schlechte Ulmer gewesen.

Welche Schwächen haben Sie an Udo Botzenhart kennen gelernt?
Seine Schwäche ist auch gleichzeitig seine Stärke: Er hat mit vielen Einfällen und mit vielen Ideen, insbesondere bei den Haushaltsplanberatungen, Einnahmequellen aufgespürt. Daraus entstand auch manchmal der ein oder andere, sagen wir mal: irritierende Vorschlag.

Ein Beispiel?
Legendär ist der so genannte Goldgräber-Ausschuss: Aus den im Eigentum der Stadt befindlichen Grundstücken sollten Schätze geborgen werden, die so nicht vorhanden waren. Gleichwohl ist diesem Gedanken später die höchst erfolgreiche Ulmer Projektentwicklungsgesellschaft entsprungen. Manche Ideen und Vorstellungen konnten nicht so realisiert werden, wie ursprünglich gedacht, oft aber ist auf Umwegen doch aus einem Vorschlag eine andere gute Realität geworden.

Und was sind herausragende Stärken Udo Botzenharts?
Seine eigentliche große Stärke bestand darin, dass er nicht behauptete, sich in allen kommunalen Angelegenheiten auszukennen. In Kunstfragen beispielsweise war er weniger engagiert, deswegen aber noch lange kein Kunstbanause. Die Urteilsbildung hat er den sachverständigen

In Stein gemeißelt: Udo Botzenharts Konterfei, wie es der Künstler Hermann Geyer (rechts) geschaffen hat, ist verewigt in der Söflinger Klostermauer. Die Idee stammt von Oberbürgermeister Ivo Gönner, der sagt, was da in der Mauer steht: „Söflinger Urgestein mit Blick fürs Ulmer Ganze".

Mitgliedern in seiner Fraktion überlassen können. Gerade dies zeugt auch von Stärke.

Sie sind kein Söflinger. Bedauern Sie, dass Sie nie der legendären Söflinger Sauna-Runde angehört haben, in der Udo Botzenhart mit seinem Intimus, Ihrem Vorgänger Ernst Ludwig, schwitzend manche politische Weichenstellung vorgenommen haben soll? Was wissen Sie überhaupt über diese Sauna-Connection?
Die Söflinger Sauna-Runde ist eine Mischung aus Legende und Wahrheit. Wahr ist, dass sich einige prominente Söflinger zur Gesundheitspflege in der Sauna getroffen haben. Ob bei diesen Dampfbädern immer die besten Ideen entstanden sind, ist sicherlich Legende. Mir fällt da ein Zitat aus der Chronik des Lehrers Miller von 1849 ein, in der nicht eine Sauna-Runde beschrieben ist, sondern die Söflinger und ihre Lebensart: „Die Einwohner sind im Allgemeinen biedere und tätige, gerade und rechtliche Leute, die ihre alte, freisinnige Denkungsart noch nicht verloren haben. Sie zeichnen sich mehrenteils von den Einwohnern benachbarter Orte (zum Beispiel Ulm) durch Geradheit und Offenheit, durch Frohsinn und Heiterkeit (oft bis zur Ausgelassenheit) und durch ein arbeitsames Leben vorteilhaft aus."

Besser ist Udo Botzenhart kaum zu beschreiben. Wo sind Sie ihm zum ersten Mal begegnet?
Die erste Begegnung hatte ich Anfang der siebziger Jahre. Im OB-Wahlkampf 1972 bezeichnete Helmut Palmer Udo Botzenhart als „Ölscheich von Söflingen". Bei der nächsten Veranstaltung trat er dann im Kornhaus als Ölscheich verkleidet auf. Da hab ich gespürt, dass bei ihm Humor und gleichzeitig Ironie und selbstkritisches Verhalten gepaart sind mit einer „feinen Nase" für wohl dosierte Auftritte.

So könnte man auch Sie beschreiben. Wesensverwandte?
Wie ich bin, müssen andere beurteilen. Fremd sind Udo Botzenhart und ich uns in manchen Dingen sicher nicht ...

... weshalb Sie bis heute Kontakt mit ihm haben?
Auch nach seinem Ausscheiden aus dem Gemeinderat haben wir immer noch häufig Kontakt, nicht aufdrängend, sondern immer situationsbezogen intensiv. Auf seine Art hat er sich mit der Zeit nach dem Gemeinderat, auch mit Schwierigkeiten, arrangiert. Er ist für mich nach wie vor ein guter und interessanter Gesprächs- und Diskussionspartner.

Haben Sie etwas von Udo Botzenhart gelernt?
Ich habe einen Lehrsatz von ihm übernehmen können, weil ich ihn für richtig halte: Am Grünen Tisch lösen wir nichts. Wir sind Praktiker.

Ihre beste Erfahrung mit ihm?
Ich habe seine Initiative zur Übertragung der städtischen Krankenanstalten in die Trägerschaft des Landes verfolgt und bewundert. Diese Initiative war nicht unumstritten, zumal der damalige Oberbürgermeister Hans Lorenser strikt dagegen war. Mit der Übertragung der städtischen Krankenanstalten auf das Land wurden die Universität und die Universitätsklinik stabilisiert und der städtische Haushalt gewaltig entlastet.

Was war die Leistung daran?
Ja nun, städtische Krankenanstalten waren Bestandteil der Sozialgeschichte unserer Stadt. Es gehörte Mut und Weitsicht dazu, mit dieser großen Tradition zu brechen und dennoch für die Bürgerschaft und die weite Region um Ulm herum eine nachhaltige und qualitativ hochstehende Gesundheitsversorgung zu gewährleisten.

Und Ihre schlechteste Erinnerung an Udo Botzenhart?
Bei seinem sprühenden Einfallsreichtum und mit seiner drängenden, oft ungeduldigen Art hat er manche Personen vor den Kopf gestoßen. Das führte sogar dazu, dass die Freie Wähler-Fraktionsgemeinschaft einmal in ernsthafte Gefahr gebracht wurde, als sich drei seiner

engsten Weggefährten in einer eigenen neuen Fraktion organisierten.

Verraten Sie uns die beste Anekdote, die Ihnen einfällt zum Kapitel: Udo Botzenhart und Ivo Gönner.
Als es in Ulm um die Müllentsorgung ging und der Gemeinderat immer wieder durch Reisen seinen Horizont erweitern wollte, standen wir beide auf dem Dach der neuen Müllverbrennungsanlage in Hamburg. Da ich selbst nicht ganz schwindelfrei bin, habe ich mich an die Wand gestellt, um ja nicht in den Abgrund blicken zu müssen. Neben mir stand ebenfalls ein Mitglied der Ulmer Delegation, mit dem Rücken zur Wand, den Blick zum Himmel gerichtet.

Der andere war Udo Botzenhart?
Ja, so standen wir beide, Udo Botzenhart und ich, Seite an Seite mit dem Rücken an der Wand einer Müllverbrennung. Der einzige Kommentar, den wir uns gegenseitig gesagt haben: „Was, Sie auch?" Wir haben also ohne viele Worte bei derselben Gelegenheit eine gleiche Schwäche erkannt: Wir sind nicht ganz schwindelfrei!

Das Besondere ist das Normale

Wenn einer 50 Jahre lang im Rampenlicht steht, wird er irgendwann zum öffentlichen Inventar, gleichermaßen bestaunt wie hinterfragt, verehrt wie angefeindet, bewundert wie kritisiert. Ob er nun wollte oder nicht, Udo Botzenhart ist ein solches Stück öffentliches Eigentum geworden. Besichtigungstermine solcher Persönlichkeiten sind, sobald sie älter werden, immer an ihren runden Geburtstagen. Oder an Tagen, an denen ihnen für ihr gesellschaftliches Wirken Orden umgehängt werden, von denen es auch Udo Botzenhart nicht mangelt. Bundesverdienstkreuz und Medaille des Landes Baden-Württemberg sind zwei herausragende Ehrungen.

Nur seine Heimatstadt tat sich 1999, am Ende einer in Ulm unvergleichlichen kommunalpolitischen Laufbahn schwer, Udo Botzenharts 40 Jahre im Gemeinderat und die noch weitaus längere Zeit in Ehrenämtern zu würdigen. Eigentlich kam für diesen Mann ja nur das Ehrenbürgerrecht in Frage. Doch besagt ein ungeschriebenes Ulmer Gesetz, dass Stadträten diese Auszeichnung verwehrt bleiben soll – wohl auch aus der durchaus nachvollziehbaren Überlegung heraus, eine inflationäre Verleihung der Ehrenbürgerwürde zu verhindern. Es soll halt nicht jeder Ehrenbürger werden.

Im Fall Udo Botzenhart führte dies allerdings zu der Ungerechtigkeit, dass hier einer behandelt wurde wie viele andere, der doch ganz anders war als diese anderen; schließlich blieb dabei auch unberücksichtigt, dass dieser Mann es außer auf 40 Jahre im kommunalen Ehrenamt allein bei den großen Söflinger Vereinen TSG, Musikverein/Stadtkapelle Ulm und Gesangverein sowie bei der von ihm gegründeten Ulmer Knabenmusik (heute Junge Bläserphilharmonie Ulm) auf weit mehr als 100 Jahre in Vorstands-Ehrenämtern gebracht hat.

Dass er in der Würdigung seines öffentlichen Tuns ein Opfer der Gleichmacherei wurde, hat Udo Botzenhart nach außen stets gelassen getragen und ertragen. Als er in den späten 80er Jahren seine Rückzüge aus den Vereinsämtern ordnete, tat er kund, was von allzu viel öffentlichem Wirbel um seine Person zu halten sei: „Wenn den Leuten über einen dauernd gesagt werden muss, was er für ein toller Kerle ist, dann stimmt was nicht. Erst recht nicht, wenn er das selber von sich sagen muss. Das müssen die Leut' schon selber merken." Noch knarzender seine Antwort, die er augenzwinkernd auch auf sich selber bezogen gab, als er einmal nach den Stärken seines Freundes Ernst Ludwig gefragt wurde. Udo Botzenhart nannte dessen große Durchsetzungskraft, um dann trocken hinzuzufügen: „Damit will ich es belassen. Denn zu viel Weihrauch rußt den Heiligen."

Auf Heiligenscheine und Lorbeerkränze hat Udo Botzenhart also nie zu großen Wert gelegt. Wobei zur ganzen Wahrheit gehört, dass er sich als guter katholischer Söflinger Kirchgänger dem Duft des Weihrauches auch nie ganz entzog.

Immer wieder haben Weggefährten und Beobachter zu den genannten Anlässen Versuche unternommen, das Phänomen Udo Botzenhart zu erklären. Eine treffliche Analyse gelang 1999 Otto Benz, der als langjähriger Ulmer Lokaljournalist die kommunalpolitischen Zusammenhänge und ihre Akteure kennt wie kaum ein Zweiter.

Damals schien es zunächst so, als wolle Udo Botzenhart im Alter von 77 Jahren ein weiteres Mal für den Gemeinderat kandidieren. Benz kommentierte diese am Ende von Botzenhart nicht weiter verfolgte Absicht so: *„Dem Kaufmann ist längst ein Ehrenplatz in der Ulmer Nachkriegsgeschichte sicher. In einer Zeit, die allenthalben dem Jugendwahn huldigt, mag Udo Botzenhart auf manche Zeitgenossen wie ein ‚Polit-Gruftie' wirken. Doch der knorrige Söflinger strahlt mit 77 Jahren mehr Energie und Power aus, als so mancher lasche Jungpolitiker hierzulande. Er beherrscht nicht nur sämtliche Winkelzüge des politischen Geschäfts, Botzenhart gehört auch zur kleinen Garde der Kommunalpolitiker, die strategisch und in großen Zusammenhängen denken. So hat er instinktiv erkannt, welche großen Entwicklungspotenziale in der Umgebung des Ulmer Hauptbahnhofs stecken und der Verwaltung damit gehörig Dampf gemacht."*

Nebenbei: Eine der letzten kommunalpolitischen Visionen Botzenharts vor seinem schließlich doch 1999 vollzogenen Abschied aus dem Gemeinderat war der *„Aufbruch Ulms ins nächste Jahrtausend"*, unter anderem mit der Idee, den alten Ulmer Wunsch nach einer großen Veranstaltungshalle auf den ausrangierten Teilen des Bahnhof-Areals zu erfüllen. Zehn Jahre nach Botzenharts Abschied aus dem Rathaus soll eine solche Multifunktionshalle kommen – allerdings als gemeinsames Projekt mit Neu-Ulm und sehr zum Verdruss ihres ursprünglichen Protagonisten auch noch auf Neu-Ulmer Boden.

Es ist eine Herkulesaufgabe, das Erfolgsgeheimnis Udo Botzenharts zu ergründen. Wer versucht, die Besonderheit dieses Charakters aufzuspüren, gar ein Psychogramm zu entwerfen, stößt rasch auf die Einsicht, dass hinter der Fassade dieses Volkstribunen eine vielschichtige Persönlichkeit steckt. Sie drückt sich aus in einer Nimmermüdigkeit, geradezu in einer Unersättlichkeit und Unbeschränktheit.

Kein Feld, das der Kommunalpolitiker Botzenhart nicht beackert hätte. Ob es nun große Themen waren, wie die Gründung der Universität und später die Preisgabe der städtischen Kliniken samt Umfirmierung zum Uni-Klinikum und Übernahme durch das Land, oder die Sorgen der kleinen Leute um schlecht ausgeleuchtete Fußwege oder historisches Straßenpflaster als Stolperfalle für Frauenschuhe, es gab nichts, worum er sich nicht gekümmert hat.

Auch von den Großen der Politik geschätzt: Hier mit dem baden-württembergischen Ministerpräsidenten Erwin Teufel im Mai 2000, als Udo Botzenhart mit der Verdiensmedaille des Landes ausgezeichnet wurde.

Empfang im Ulmer Rathaus zum 85. Geburtstag: Ivo Gönner überreicht eine Reproduktion einer Handschrift von 1485, einst gefertigt im Söflinger Clarissenkloster ...

... und: Das Geburtstagkind lässt sich feiern. Die Ulmer Ehrenbürger Rosel Lorenser und Ernst Ludwig klatschen Beifall, während ein ziemlich ergriffener Udo Botzenhart Halt an der Hand seiner Frau Pia sucht.

Nur wer macht, kann Fehler machen. Jeder Kommunalpolitiker tut gut daran, sich gelegentlich Goethes Weisheit zu erinnern: *„Es irrt der Mensch, so lang er strebt."* Deshalb war Udo Botzenhart zwar zumeist da, wo oben ist, ab und zu aber auch unten. Ein ständiger Vorwärtsdrang birgt das Risiko der Rückschläge in sich. Hinten allerdings hielt Udo Botzenhart sich nie lange auf, es drängte ihn nach vorn. Nur dort holt man sich auch mal eine blutige Nase, nur hinten ist die verletzungsfreie Zone.

Das Phänomen Udo Botzenhart existiert nicht als monokausale Erklärbarkeit. So leicht macht es der Söflinger einem nicht, sich auf seine Persönlichkeit festzulegen. Wer sich einlässt, stößt auf sehr verschiedene Facetten eines Mannes, dem es nie gemangelt hat an dem, was unsere Gesellschaft heute als Verlust empfindet: An der Überzeugung, große Teile des eigenen Lebens in den Dienst der Allgemeinheit zu stellen.
Udo Botzenhart ist vor allem anderen und vor allen anderen eines: Er ist der Gegenentwurf zu einer egoistischen Gesellschaft. Widmen wir uns also Details dieses vielfältigen Charakters – wenigstens einigen von ihnen.

Der unterschätzte Redner
Das Leben setzt seine Pointen oft in verschmitzter Ironie. Nicht ohne Hintersinn ist, dass beste Freunde kaum unterschiedlicher sein könnten als Udo Botzenhart und Ernst Ludwig. Zwar ist es in den Jahren des zunehmenden Alters zu einer gewissen Distanz dieser über mehr als ein halbes Jahrhundert verbundenen Weggefährten gekommen; doch treffen sie sich noch immer jeden Sonntag, reden miteinander und schimpfen aufeinander, wie es sich für gute Freunde gehört und wie es die beiden ein halbes Jahrhundert lang gepflegt haben.

Ihr gemeinsames Feld war und ist die Politik. Plastischer als an diesen beiden Männern ist kaum darstellbar, wie grundverschieden Politik betrachtet und angegangen werden kann. Ernst Ludwig ist von einer gewissen herrischen Eleganz. Ein messerscharfer Analytiker, mitunter ein Redner von Gnaden. Dem Oberbürgermeister und Kommunalpolitiker Ernst Ludwig diente das gesprochene Wort als Mittel der politischen Führung. Udo Botzenhart ist nicht gesegnet mit hoher Redekunst. Mögen viele seiner Gedanken getragen gewesen sein von listiger Strategie, seine Wortbeiträge glänzten nie durch rhetorische Raffinesse. Udo Botzenharts Philosophie war, dass eine Rede alles darf, nur nicht länger sein als fünf Minuten. Das analytische Herleiten eines Problems, das Ludwig oft allein durch seine Fähigkeit zur Analytik zu lösen schien, ist Botzenhart fremd. Langatmigkeiten gar sind ihm ein Gräuel. Er steuert immer schnurstracks auf den Kern der Sache zu, den er früher zumeist mit folgenden Worten einkreiste: *„Herr Oberbürgermeister, des send Tatsacha."*

Tatsächlich zeigt sich an der Erfolgsbilanz beider, dass Intellektualität, das Über-den-Dingen-Stehen, zwar ein nützliches Mittel sein kann, um politische Ziele zu erreichen. Aber eben nur eines. Udo Botzenhart ist, anders als Ernst Ludwig, kein Intellektueller im herkömmlichen

„Des send Tatsacha."

Sinn. Was nicht heißt, dass der schlaue Botzenhart nicht zu genau wüsste um die Bedeutung intellektueller Leuchttürme für eine Stadt. Hätte er sonst so energisch gekämpft um eine Universität für Ulm und später für den Ausbau des Oberen Eselsbergs zur Wissenschaftsstadt?

Doch hat Udo Botzenhart ein feines Gespür für den schmalen Grat zwischen intellektuellen Ansprüchen, die beim Bürger häufig ankommen als elitäre Arroganz und wirken wie aufgeblasene Hochnäsigkeit. Obwohl außer vielleicht in jungen Jahren als Politikus nie wirklich unterschätzt, pflegte Udo Botzenhart es regelrecht, intellektuell unterschätzt zu werden. Er ließ sich im Rat durchaus gerne mal einen „Kulturbanausen" schimpfen, wissend, dass der Bürger dies gleichsetzte mit einer volksnahen Erdverbundenheit. Wenn man so will, machte Udo Botzenhart ein gewisses Understatement zu einer seiner wichtigsten politischen Waffen. Er inszenierte sich nicht, er setzte sich vielmehr gern in seiner Einfachheit als Mensch in Szene. Wozu das schwäbisch gesprochene Wort gehört. *„Des versprech' I Ehna."* Oder eben: *„Des send Tatsacha."*

In Ulm gab es nach dem Krieg keinen zweiten Politiker, Ludwig eingeschlossen, der mehr von der Stadt gewusst hätte als Udo Botzenhart; keinen, der die Befindlichkeiten der Ulmer so präzise einzuschätzen vermochte. Die politische Kraft Udo Botzenharts resultierte nicht zuletzt daraus, alle und alles, jeden und jedes zu kennen. Einschätzen zu können, wo was wie läuft, ist in der Politik von unschätzbarem Nutzen, ein Wert an sich. Udo Botzenhart ist dieses Einschätzungsvermögen in die Wiege gelegt worden.

Dass in Söflingen nicht nur immer wieder großes Theater gespielt wird, sondern im Klosterhof zudem eine dauerhafte Bühne für Kleinkunst steht, auch das ist Udo Botzenhart zu verdanken. Das Meinloh-Forum, in dem dem Mann mit dem Hut hier die Aufwartung gemacht wird, war seine Idee.

Selten täuschte es ihn. Ausnahmen, wie die schwere Niederlage, die 1990 auch Botzenhart beim Bürgerentscheid um den Tunnel in der Neuen Straße erlitt, bestätigen nur die Regel. Ehe sich Freund und Feind versahen, versammelte Botzenhart siegreiche Gegner und geschlagene Befürworter des Projekts in einem Arbeitskreis, um neue Gemeinsamkeiten in der Verkehrspolitik zu suchen. Mit schlichten Worten, die jeder verstand.

Der zähe Durchhalter
Was für eine gewaltige Leistung allein der Kommunalpolitiker Udo Botzenhart vollbracht hat, wird erst demjenigen richtig klar, der über einige Jahre hinweg selber Kommunalpolitiker ist oder sich wenigstens von Berufs wegen mit der Kommunalpolitik befassen muss. In 40 Jahren hat Udo Botzenhart eine unfassbare Zahl von Sitzungen durchgestanden: Plenum, Ausschüsse, Fraktion, Klausuren, Aufsichtsräte, Bürgerversammlungen, Aussprache-Abende, Wahlveranstaltungen.

Er hat Beifall erfahren und Missfallen geerntet, Schulterklopfer ertragen und Fahnenflüchtige erlebt. Er ist gelobt worden und geschimpft. Verständnis hat er, der Ungeduldige, für die Ungeduldigen. Weniger für die Überanspruchsvollen, die der Stadt alles abverlangen und noch ein bisschen mehr. Wenn sie dem Stadtrat Botzenhart beim Aussprache-Abend in der Söflinger „Krone" überzogene Wünsche vortrugen, konnte er, der doch so ein freundlicher Mensch ist, auch unwirsch reagieren. *„Ond was machet Sia für d'Stadt?"*, bäffte er dann.

Udo Botzenhart hat die Lektionen der Politik schnell gelernt und eine Fähigkeit fast bis zur Perfektion entwickelt: Es ist die Rede von der Balance zwischen einer gewissen Demut vor der Volksintelligenz, die allemal gescheiter daher kommt als der noch so kluge einzelne Kopf, und dem Selbstbewusstsein, in der repräsentativen Demokratie nicht jeder Strömung nachzugeben.

Einfacher gesagt: Die Kommunalpolitik ist überwiegend von Konsens und Einmütigkeit getragen, mehr als 90 Prozent der Beschlüsse fallen einstimmig; in den also eher seltenen Konfliktfällen hat Udo Botzenhart es in aller Regel verstanden, den Ausgleich zu finden zwischen Volkes Stimme und der eigenen Überzeugung, die beileibe nicht immer identisch waren. Politik scheint oftmals zu sein, beides in Einklang zu bringen.

Über Jahrzehnte hinweg war Udo Botzenhart ein Hochleistungsträger, der frühmorgens am Schreibtisch mit der Lektüre der Lokalzeitungen und dem Studium der Sitzungsvorlagen loslegte, am Vormittag mit Amtsleitern wegen des schleppenden Fortgangs der Straßenbauarbeiten vor dem Hauptbahnhof telefonierte und sich um die Umzäunung des neuen TSG-Sportplatzes kümmerte, um Punkt zwölf daheim am Mittagstisch zu sitzen, wie es Ehefrau Pia verlangte, der Udo Botzenhart eigenen Worten zufolge nie widersprochen hat. Um zwei und vor der Sitzung des Finanz- und Wirtschaftsausschusses, wie der gewichtigste aller Ulmer Ratsausschüsse vor der Verwaltungsreform hieß, machte sich Udo Botzenhart daran, in der Ulmer Wirtschaft Geld für eine Konzertreise seiner Ulmer Knabenmusik einzutreiben, spätestens um halb sechs mahnte er am Ratstisch zur Eile. *„Es isch gnuag g'schwätzt. Stimma' mr' ab."* Schließlich sollte es daheim noch zu einem kurzen Abendessen reichen vor dem Ausspracheabend der Söflinger UWS über das Sanierungsgebiet ...

Das ging vier Jahrzehnte lang so. Was für eine Durchhalteleistung – vor allem auch seiner Ehefrau Pia.

Der rastlos Getriebene

„Udo, der Dino ist wieder da." So stand es im Juli 1994 in der Zeitung. Was da auf den ersten Blick ziemlich respektlos wirkte, sollte sich bei genauerer Lektüre entpuppen als Hommage an ein politisches Comeback. Udo Botzenhart war nach seinem überraschenden Abschied aus dem Gemeinderat drei Jahre zuvor nun, 72-jährig und nach erfolgreicher Wahl, wieder Stadtrat. Der Grund dafür war simpel und doch komplex. In den drei Jahren, die zwischen Rückzug und Rückkehr lagen, hatte sich verfestigt, was eh jeder wusste, der ihn kennt: „Der Botze" kann nicht lassen von der Kommunalpolitik. „Sie ist wie eine Sucht", sagte er einmal im vertrauten Gespräch.

Doch beschreibt dieser Satz nur unzureichend die Motive eines rastlos Drängenden, dem eine andere Schlagzeile in der Lokalzeitung bescheinigte: *„Ulm treibt ihn um und an".* Diese Aussage drückt das Kernmotiv seines Handelns aus: Udo Botzenhart ist beseelt davon, Ulm voranbringen. Mehr noch: Er ist auch überzeugt, dass Ulm vorankommt, und dass daran mitwirken kann, wer nur möchte. So wie er.

Ein solches gesundes Selbstbewusstsein, das bei ihm gepaart ist mit den schwäbischen Urtugenden der Bodenständigkeit und Bescheidenheit, die Udo Botzenhart vor arrogantem Machtgehabe bewahren, ist der Kraftstoff für seinen Motor. „Die Kommunalpolitik ist zu dominierend in meinem Leben geworden, mein Rücktritt war ein Fehler", bekannte er im Januar 1994 mit entwaffnender Offenheit während eines Dämmerschoppens seiner Unabhängigen Wählergemeinschaft Söflingen (UWS) im Rückblick auf 1991. Womit gleichzeitig das Comeback angekündigt war.

Walter Feucht wird im März 1990 neuer Vorsitzender der TSG Söflingen – sehr zur Zufriedenheit des Vorgängers Udo Botzenhart, der seinen Nachfolger ja schließlich auch selber herausgesucht hatte.

Die Rückkehr an den Ratstisch hatte ein zweites, keineswegs nachrangiges Motiv. Es liefert einen weiteren Einblick in den Charakter Udo Botzenharts, denn es zeugt außer von einem unruhigen Geist auch von dem Verantwortungsgefühl, das ihn erst ruhen lässt, wenn Klärung besteht und Klarheit herrscht. In seinen Vereinen, der TSG Söflingen, der Ulmer Knabenmusik, dem Musikverein/Stadtkapelle, dem Gesangverein, hatte Udo Botzenhart die Nachfolgen von langer Hand geplant und zur allgemeinen Zufriedenheit gelöst, vor allem zu seiner eigenen. In der Fraktion der Freien Wähler war es ihm 1991 wegen seines geradezu fluchtartigen Rückzugs wenige Monate vor der Oberbürgermeister-Wahl nicht mehr möglich gewesen, geordnete Verhältnisse zu hinterlassen. Die Vorstellung, dieses Feld nicht bestellt zu haben, quälte ihn. Umso mehr, als in der öffentlichen Diskussion von einer Stimmungskrise die Rede war, in die die Freien Wähler ohne Botzenhart geraten waren.

So war Udo, der Dino, nun also wieder da. Dass die „Südwest Presse" eine solche Formulierung gewählt hatte, wäre nicht weiter der Rede wert, wäre da nicht der Autor gewesen. Der hieß Hans-Peter Schütz, war stellvertretender Chefredakteur, in der Szene bekannt als harter Hund. Während seiner Bonner und Berliner Jahre als Hauptstadt-Korrespondent hatte er sich einen guten Ruf als kritischer Journalist erarbeitet. Schütz, um keinen Streit verlegen, war es gewohnt, sich mit den Akteuren der hohen Politik auseinanderzusetzen. Der ungewöhnliche Karriereverlauf Udo Botzenharts hatte ihn nun dazu gebracht, sich in die Niederungen der Ulmer Lokalpolitik herabzulassen.

Gerade recht kam Schütz in seinem Porträt *„Neu im Rat"* über den alten Neuen im Rat ein konflikträchtig anmutendes Thema: Udo Botzenhart hatte im Wahlkampf angekündigt, gegen den bürokratischen Wasserkopf bei der Stadtverwaltung vorgehen zu wollen. Und zwar nicht unten bei den Stadtgärtnern.

„Wir müssen oben anfangen, bei denen mit den dicken Taschen." Und also hatte Botzenhart laut darüber nachgedacht, das damals von Professor Alfred Katz verwaltete Finanzdezernat abzuschaffen. Kein Kämmerer mehr in Ulm? Botzenhart hatte vor der Wahl gezündet, wie er es gerne einmal tat, der Journalist Schütz guckte nun nach der Wahl gierig zu, was aus dem Feuer werden wollte. *„Und jetzt, Herr Botzenhart?" „Wenn er (der Katz) mir wega mein'r Gosch oine schmiera tät', müsst i halt na'heba."*

Am Ende verzog sich der Rauch rasch. Ulm hat bis heute einen Finanzbürgermeister. So wie auch eine andere Voraussage nicht vollständig eintreten sollte: *„Freiwillig werde ich nicht mehr gehen. Die müssten mich schon aus dem Ratssaal hinaus tragen"*, sagte Udo Botzenhart 1994 zum Start seines Neubeginns. Hinaustragen musste man ihn fünf Jahre später nicht. Nach internem Streit über den Straßenbahnausbau kurz zuvor als Fraktionschef zurückgetreten, schied er am Ende der Legislaturperiode aus dem Gemeinderat aus. Diesmal mit sich im Reinen und in der Gewissheit, dass die Fraktionsführung bei Gerhard Bühler und Helga Malischewski nun in guten Händen lag. Schließlich waren beide fünf weitere Jahre bei ihm in die Lehre gegangen.

Die antreibende Unruhe ist nicht nur dem Kommunalpolitiker Udo Botzenhart zu eigen. Das Lebensmotto: „Nach mir die Sintflut" ist ihm fremd. Bis ins hohe Alter sind ihm seine Vereine nicht egal. Herzensangelegenheit ist ihm die Ulmer Knabenmusik (UKM), die er 1961 gegründet hatte. Sie heißt seit 2008 Junge Bläserphilharmonie Ulm (JBU), weil seit einigen Jahren auch Mädchen und junge Frauen in den Reihen des Jugendorchesters sitzen. Im Mai 2008, damals noch als UKM, gewann es unter Dirigent Josef Christ in Wuppertal den deutschen Orchesterwettbewerb, avancierte also zum großen Stolz seines Gründers Udo Botzenhart zum besten deutschen Jugendblasorchester.

Drei Jahre zuvor spielt eine Episode, die in Tränen enden sollte. Die geht so: Udo Botzenhart klemmt sich mit seinen 83 Jahren hinters Lenkrad seines Daimlers. Seinem viele Jahre jüngeren Begleiter bedeutet er: „Auf'm Hoimweg, kannsch dann Du fahra." Von wegen, als ob ein Botzenhart das Lenkrad freiwillig aus der Hand gäbe; er steuert den Wagen auch auf der Rückfahrt selber. Dazwischen liegt das musikalische Kräftemessen der jungen Ulmer mit 84 anderen Orchestern aus aller Welt, das die UKM bravourös meistert. Während des Wertungsspiels fiebert der UKM-Ehrenvorsitzende mit feuchten Händen mit. Schweißperlen stehen auf seiner Stirn, die nur deswegen sichtbar werden, weil Udo Botzenhart im zum Konzerthaus umfunktionierten Kirchensaal ehrfürchtig seine obligatorische Kopfbedeckung abgenommen hat. Wenig später bricht die Ulmer Delegation in frenetischen Jubel aus, Udos Hut fliegt durch die Luft, und Botzenhart weiß mitten unter 70 jungen Musikerinnen

Eine ernste Angelegenheit war die Frage, wer die FWG-Fraktion nach ihm führen sollte. Seit 1999 sind es nun Gerhard Bühler und Helga Malischewski.

Die Junge Bläserphilharmonie Ulm (JBU, früher Ulmer Knabenmusik) hält ihn jung: Hier bei der Stabübergabe des Vorsitzes der Stiftung Ulmer Knabenmusik an den Industriellen Eduard Schleicher, der links neben Dirigent Josef Christ (ganz rechts) steht. Neben Schleicher der JBU-Vorsitzende Michael Leibinger, Stiftungs-Mitbegründerin Helma Fink-Sautter, Bürgermeister Gunter Czisch, Oberbürgermeister Ivo Gönner (halb verdeckt durch Botzenhart) und Sparkassendirektor Manfred Oster.

und Musikern zwischen 14 und 22 Jahren nicht, wie ihm geschieht: Die Jury hat die UKM mit der höchsten Punktzahl aller 85 Orchester bedacht, die Ulmer gehen damit als Sieger aus dem Weltjugendmusikfestival in Zürich hervor. Und dem Ehrenvorsitzenden Botzenhart kullern dicke Tränen der Freude über die feuerroten Backen.

In Angelegenheiten, die ihm wichtig sind – und das sind viele –, hat es Udo Botzenhart nie nur bei gestenreichem Beistand oder verbaler Unterstützung belassen. Das Zepter bei der UKM hatte er längst in die jüngeren Hände Michael Leibingers gelegt, akzeptiert, dass auch Mädchen zum Orchester gehörten, als er ein neues UKM-Kapitel aufschlug – wie es sich in diesem Fall gehört mit einem Paukenschlag: Die vermögende Ulmerin Helma Fink-Sautter, damals frische 80 Jahre alt, und er spendeten 2004 jeweils 50 000 Euro. Die Stiftung Ulmer Kna-

benmusik zur dauerhaften Förderung des Jugendorchesters war damit aus der Taufe gehoben. Damit nicht genug: Vier Jahre später ließ Udo Botzenhart den nächsten Coup folgen, indem er in Eduard Schleicher („Schwenk Zement") einen renommierten Ulmer Industriellen für den Vorsitz des Stiftungsrats gewann.

Der verwurzelte Netzwerker

Vereinsfeiern, Lehrlingsfreisprechungen, Gedenkgottesdienste, Ausspracheabende, Schulerweiterungsbau-Eröffnungen – womöglich hat er die kommunalen Pflichtübungen mitunter als Last empfunden. Anmerken ließ es sich Udo Botzenhart nie. Zu vermuten steht eh, dass er den meisten solcher Termine ihre guten Seiten abgewann. Er sprach ihnen die Berechtigung nicht ab, weil sie den Zweck erfüllten, dass er bei diesen Anlässen mitten unter den Leuten sein konnte; einer von ihnen, einer mit denselben Wurzeln. Aus schierem Selbstschutz heraus, nicht aufgefressen zu werden von den Kalendernotwendigkeiten, entstand sein Talent, präsent zu sein, gesehen zu werden, das Wesentliche zu sagen oder mitzubekommen und sich dann lautlos zu verabschieden. Zur Perfektion weiterentwickelt hat diese Fähigkeit der Omnipräsenz mit unbemerktem Entschwinden durch die Hintertür OB Ivo Gönner.

Beiden ist gleich, dass sie leutselig sind. Dieses Wort bedeutet, den Leuten wohlgesonnen zu sein. Viele Menschen, die Udo Botzenhart nur von solchen Veranstaltungen kennen oder auch von seinen Spaziergängen in Söflingen und auf dem Hochsträß, bescheinigen, dass er eine freundliche Erscheinung ist.
„Er lupft den Hut und sagt immer Grüß Gott."

Er ist also ein Mann von Höflichkeit. Die wachen Augen hinter der Brille verraten allerdings, dass da einer stets aufmerksam beobachtet und einen Blick hat für die Stärken und Schwächen, die um ihn herum sind. Doch dieses natürliche Misstrauen ließ Udo Botzenhart seine Umgebung nie wirklich spüren.

Aus den unzähligen Kontakten, die im Laufe seines Lebens entstanden sind, hat Udo Botzenhart ein informelles Geflecht geknüpft, das ihn nicht nur stets auf dem Laufenden hält, sondern ihm immer wieder Türen öffnet und den notwendigen Vorsprung verschafft vor anderen.

Udo Botzenhart ist ein Netzwerker von Gnaden. Sein offenes, den Menschen zugewandtes Wesen erleichtert es ihm, seinen Informanten-, Unterstützer- und Fördererkreis ständig auszuweiten. Er weiß, dass ein Mann in der Politik, im Verein, in der Wirtschaft, im öffentlichen Leben auf verlorenem Posten stünde, wäre er allein. Einzelkämpfer mögen in manchen Sportarten gefragt sein, erfolgreiches Leben aber ist Teamwork. Zu den unzweifelhaften Stärken Udo Botzenharts gehört, dass er in aller Regel keine Schwachen um sich sammelte, sondern starke zweite Leute, denen er sein Vertrauen schenkte und die ihm Ehrlichkeit zurückgaben.

Wie dieses Netzwerk aussah, zeigte sich bei Anlässen wie einem runden Geburtstag. Udo Botzenhart war der erste Stadtrat, für den die Stadt zum 60. Geburtstag im Jahr 1982 im Rathaus einen Stehempfang gab, an dem vom Klinikumsdirektor bis zum Handwerkskammerpräsidenten, vom Landtagsabgeordneten bis zum Brigadegeneral alles teilnahm, was Rang und Namen hatte. Bei der abendlichen Feier musste dann die TSG-Halle in Söflingen beinahe wegen Überfüllung geschlossen werden. Es war ein großes Freudenfest mit Blasmusik und Turnerinnen, die „Rock around the Clock" tanzten, mit Vereinsvorsitzenden, die vorbei an Udo und Ehefrau Pia flanierten, um Geschenk für Geschenk an den Ehrenplatz zu hieven, *„vom Ölporträt bis zur Kuhglocke".* So zu lesen in der „Stuttgarter Zeitung". Auch diesem angesehenen Landesblatt dürfte Udo Botzenhart eine Premiere eingetragen haben: Jedenfalls ist kein anderer 60. Geburtstag eines Ulmer Stadtrats bekannt, der dem landespolitischen Teil der „Stuttgarter Zeitung" einen Zweispalter wert gewesen wäre. Übrigens mit dem Titel: *„Jubelfest für einen Tausendsassa".*

Das ganze Netzwerk feierte also. Auch Karl Friedrich Kirchner, der CDU-Fraktionsvorsitzende, und Ernst Ludwig, der CDU-Staatssekretär, die sich zu dieser Zeit auf eine parteiinterne Kampfkandidatur vorbereiteten: Wer von ihnen sollte der CDU-Bewerber um den 1984 vakant werdenden Ulmer OB-Sessel werden? Von Kirchner, dem Udo Botzenharts Popularität immer suspekt war und der die Fädenzieherei für Ernst Ludwig mit Argwohn verfolgte, ist der Satz verbürgt: *„Wer mit Öl handelt, ist gewohnt, sich teuer zu verkaufen."* Zu billig wäre es, Udo Botzenhart zu unterstellen, er habe sein Netzwerk aus reinem Kalkül gesponnen. Es passte eben auch zur ehrlichen Kontaktfreude Botzenharts, zu seinem Naturell, sich einzulassen auf Menschen, sie anzuhören, sich Rat zu holen, ihnen dafür dankbar zu sein. Ja, dankbar und erkenntlich.

Eine besondere Geste solcher Dankbarkeit ist eine landesweite Einzigartigkeit: Udo Botzenhart gründete in den 70er Jahren einen Stammtisch, der Jahrzehnte existierte: Einmal im Monat trafen sich ehemalige städtische Amtsleiter und andere kommunale Würdenträger in der Söflinger TSG-Gaststätte.

Versammelt war eine reine Männergesellschaft, was kein Zeichen von Frauenfeindlichkeit war, sondern Ausdruck der Zeit: Lange Jahre nach dem Krieg gab es bei der Stadt nur eine Amtsleiterin unter lauter Mannsbildern: die Sozialamtschefin Boleslawa Podlaszewski, die den Weg in die Söflinger Runde allerdings nie fand.

Die Lufthoheit an diesem Stammtisch hatte die Lokalpolitik. Die aktuellen Themen wurden gewälzt und kommentiert, es wurde diskutiert und disputiert. Mittendrin Udo Botzenhart, der aktive Stadtrat, der natürlich so manches erfuhr am Stammtisch und manche Anregung mitnahm und Schlussfolgerungen zog aus den Meinungen der geballten Verwaltungskompetenz, die sich ihrerseits geschmeichelt fühlte, auch im Ruhestand noch gefragt zu sein. Noch so ein Beispiel für die Genialität des Netzwerkers Botzenhart.

Einmalig im Land: Udo Botzenhart inmitten ehemaliger Amtsleiter der Stadt Ulm, für die er – nicht ganz uneigennützig – einen Stammtisch gegründet hatte, der über viele Jahre hinweg bestand.

Der populäre Populist

Der Politiker Udo Botzenhart sah sich immer wieder mit einem Begriff konfrontiert, der in unserem Kulturkreis durch inflationären Gebrauch zerfleddert und verfälscht worden ist: Er sei ein Populist. In den Medien und aus dem Mund des Kritikers klang dies immer wie ein Vorhalt. Selbst sein langjähriger Freund Ernst Ludwig nannte Udo Botzenhart mitunter so – nie in aller Öffentlichkeit. Der alte Fechter Botzenhart, selten verlegen um geschickte Abwehr oder postwendende Gegenoffensive, begegnete solchen Anwürfen mit einem jener derben Ausdrücke aus den Tiefen der Terminologie schwäbischer Begrifflichkeiten, aus denen sogar Wertschätzung für den Beschimpften spricht. Zwischen einem *„Bisch doch Du heut' a Seckel"* und einem *„Halt Dei Gosch, Du Seckel"*, liegt ein Unterschied wie Tag und Nacht.

Wie gesagt: Die Schauplätze, an denen sich die beiden Freunde Botzenhart und Ludwig Kraftausdrücke dieser Art an die Köpfe warfen, waren nie die Bühnen der Öffentlichkeit. Orte des Disputs waren und sind die Botzenhartsche Terrasse im Söflinger Pfarrer-Weser-Weg, wo der Frühschoppen eingenommen wird, die Spazierwege hinaus ins Butzental oder die Rad- und Feldwege des Hochsträßes.

Heute weiß man um den Wert dieser Art der politischen Auseinandersetzung für die Stadt: Während Ludwigs mit acht Jahren nur kurzer, aber intensiver und erfolgreicher Amtszeit waren solche Streitigkeiten Ausgangspunkte für konkrete Politik. Hatten sich die beiden erst mal zusammengerauft, dann passte wie beim Stadtqualitätsprogramm oder beim Aufbau der Wissenschaftsstadt zwischen sie kein Blatt.

Ernst Ludwig, der Udo Botzenhart letztlich seine Wahl zum Oberbürgermeister mit verdankte, hatte nie diesen unmittelbaren, direkten, oft sehr spontanen Zugang zu den Menschen. Der Politiker Ludwig verstand sich als gewählter Volksrepräsentant, verantwortlich in letzter Konsequenz nur seinem Gewissen und seiner Moral, die ihm bisweilen Standhaftigkeit gegen die neusten Moden und den Zeitgeist auferlegte und abverlangte. Wer dagegen so gern unter den Menschen ist wie Udo Botzenhart, der mag sich den Regungen des Volkes nicht entziehen, auch wenn sich diese Emotionen gegen die eigenen politischen Überzeugungen wenden.

An diesem Punkt befinden wir uns nun mitten in der Frage, was ein „Populist" eigentlich ist. In Deutschland und Mitteleuropa spätestens seit dem Hitlerfaschismus negativ belegt, wird er heutzutage gern gleichgesetzt mit dem weit verbreiteten „Rechtspopulismus". Udo Botzenhart ist das Gegenteil davon. Er ist das, was populistische Strömungen originär für sich beanspruchen: Sie agieren im Namen des Volks, wenn es sein muss auch gegen Eliten. Politiker, die sich solchen Bewegungen zuwenden, werden gerne Populisten genannt.

Wenn Udo Botzenhart also ein Populist ist, dann in einem positiven Verständnis dieses Ausdrucks. Anders gesagt: Er hat sich nie verschanzt hinter seinem Mandat, das ja auch willkommener Schutzpanzer sein kann gegen allzu große plebiszitäre Einflüsse, die der Politik die Mühe der Überzeugungskraft abverlangt. *„Basta, so wird's jetzt gemacht"* geht jedenfalls oft leichter, als politisches Vorgehen mit dem Ohr am Puls der Bürger, wie es Udo Botzenhart üblicherweise pflegt. Dies macht ihn so glaubwürdig und beliebt. Denn darin äußert sich, dass Udo Botzenhart nicht über die Köpfe der Leute hinweg regiert. Zumindest war er immer bemüht, nicht gegen das Volk zu entscheiden, sondern es für seine Sache zu gewinnen.

In seinem Element:
Den Menschen nah und
mit ihnen auf Augenhöhe.

Der Söflinger Ulmer

"Ein Ulmer in Söflingen" lautete die unverfängliche Überschrift eines Laudators zum 65. Geburtstag Udo Botzenharts. Gustav Moré, Lokalchef der "Südwest Presse" und später im Ruhestand einige Zeit Besucher des Alt-Amtsleiterstammtischs, schrieb: *"Von diesem Söflinger profitiert das ganze Ulm."*

Um Udo Botzenharts Rolle in und für Söflingen ranken sich viele Geschichten und Episoden, Wahrheiten und Halbwahrheiten. Man hat ihn mit *"Fürst von Söflingen"* betitelt, gar als den *"König der Vorstadt"* apostrophiert. Die besondere Beziehung zwischen Udo Botzenhart, Söflingen und den Söflingern hat der dieser Art Beschriebene selber in folgendem Satz auf den Punkt gebracht: *"Ein guter Söflinger muss kein schlechter Ulmer sein."* Dieser Ausspruch, der so und in leichten Abwandlungen öfter einmal aus seinem Munde fällt, sollte nun nicht zu falschen Umkehrschlüssen führen. Er hat es stets trefflich verstanden, sich zuerst lautstark für die Belange seiner Söflinger einzusetzen. Man denke nur an dieses beneidenswerte Vereinsgelände für Sport und Spiel, Freizeit und Gesellschaftspflege, das unter Udo Botzenharts Regie an der Harthauser Straße für die TSG und die Söflinger entstanden ist.

Der Horizont des tatkräftigen Förderers von Söflingen endete freilich nie am Turm der Söflinger Klosterkirche St. Mariä Himmelfahrt. Ulm lag ihm, dem Vorstädter, immer so sehr am Herzen wie die Vorstadt selber, von der er wusste, dass sie Beiträge leisten musste, sollte das Ganze gelingen. Udo Botzenhart hat nie kleinkariert Söflinger Interessen vertreten. Geht es um Ulm, verlangt er seinen Söflingern auch Opfer ab. Man denke bloß an die bauliche Entwicklung der Gesamtstadt im Westen, die so manchen Acker in Söflingen gekostet hat und manchem Söflinger seinen Krautgarten.

Udo Botzenhart hat sich solchen Konflikten immer gestellt – und sie durchgestanden, weil er nicht wegtauchte. Nicht zuletzt darin gründet sein Ruf, dass das Gemeinwohl der Maßstab seines Handelns und das Ulmer Interesse im Zweifel auch über das Söflinger zu stellen ist. Diese Haltung hat ihm Ansehen in der ganzen Stadt eingetragen und ihm in Söflingen nicht geschadet.

Die Söflinger wissen, dass sie sich auf ihren Protagonisten verlassen können. Im weisen Alter von 87 Jahren noch gab er eine Kostprobe davon: Seite an Seite sitzt er da mit Christof Nagel, der 65 Jahre jünger und gerade frisch gebackener Vorsitzender des Vorstadtvereins Söflingen geworden ist. Dieser junge Spund soll also fortan den Dachverband der Söflinger Vereine führen.

Doch jetzt, da der neue Vorstand des Vorstadtvereins im Beisein des Ehrenvorsitzenden Udo Botzenhart der Presse vorgestellt wird, gibt Grandseigneur Botzenhart eine kurze Lektion, wie Lokalpolitik geht. Wenn schon grad die Zeitung da ist, muss die Gunst der Stunde genutzt werden, um Söflinger Selbstbewusstsein zu demonstrieren, um also zu zeigen, wo der Bartel den Most holt im Ulmer Westen. *"Wir sind kein Wurmfortsatz der Weststadt"*, bellt Udo Botzenhart unmissverständlich Richtung Stadtverwaltung. Die hatte es doch tatsächlich gewagt, in einem internen Papier den Arbeitskreis Weststadt als Vertretung der Söflinger Belange in Verkehrsplanungsfragen aufzuführen. Dagegen wettert Udo Botzenhart am gleichermaßen verdutzt dreinschauenden wie aufmerksam lauschenden Christof Nagel vorbei kurz und heftig: *"Wir sind die Vorstadt! Und was wir sind, haben die Söflinger selber draus gemacht."*

Man sieht: Manchmal muss ein guter Ulmer auch ein noch besserer Söflinger sein.

Der, wo wirkt

Die Größe eines Menschen zeigt sich darin, wie er sich in der Niederlage verhält. Man würde Udo Botzenhart nicht gerecht werden, würde man ihm nicht auch Niederlagen attestieren. Denken wir nur an diese eine, die vielleicht bitterste Stunde, die er in den kommunalpolitischen Jahren an der Seite seines Intimus' Ernst Ludwig erlebte, am Abend des 16. Dezember 1990, als feststand, dass die Ulmer die Untertunnelung der Neuen Straße abgelehnt hatten. Nicht knapp war das Ergebnis ausgefallen, sondern mit der ganzen brutalen Wucht, die ein Bürgerentscheid entfalten kann: 31.404 Bürger hatten dieses letzte große Vorhaben abgelehnt aus Ludwigs Stadtqualitätsprogramm, das ja auch Udo Botzenharts Stadtqualitätsprogramm war. 31.404 mal Nein – damit war angesichts der 7.142 Stimmen für den Tunnel ein Lieblingsprojekt des Gespanns Ludwig/Botzenhart regelrecht versenkt worden. Zurück in die Schubladen der Verkehrsplaner! Deutlicher hätte das Urteil des Stadtvolkes nicht ausfallen können.

Udo Botzenhart sprach es an diesem Abend am deutlichsten unter allen Tunnel-Befürwortern aus: *„Das war ein Misstrauensvotum gegen die Politik des Gemeinderats."* Doch er nahm dieses 31.404-fache Nein nicht einfach hin, er nahm den Bürgerwillen an. Die Erfahrung und sein untrügliches Gespür für Notwendigkeiten des Moments ließen Udo Botzenhart erahnen, dass eine derart schwere Abfuhr für die Mehrheit des Gemeinderats leicht zu Ratlosigkeit und Frust führen und die Stadtentwicklung auf lange Zeit lahm legen könnte. Also hielt er sich erst gar nicht lange auf mit Wundenlecken, sondern besann sich wie oft in seinem Leben seiner Fähigkeit, Brücken bauen zu können. In einem außerparlamentarischen Arbeitskreis führte Udo Botzenhart die einander zuvor so unversöhnlich gegenüber stehenden Parteien zusammen. Der Fortgang von Stadtentwicklung in Ulm war gerettet, die politische Handlungsfähigkeit sichergestellt.

Was folgte war die persönliche Zerrissenheit Udo Botzenharts, eine kleine Tragödie: Einerseits hatte er mit seiner zupackenden Verbindlichkeit und durch sein Zugehen auf die Gegner das Wunder bewirkt, dass schon bald nach dem Bürgerentscheid ein neuer Verkehrsentwicklungsplan auf den Weg gebracht wurde; andererseits mochte er den darin propagierten Straßenbahnausbau schlussendlich aber doch nicht mittragen.

Die Straßenbahn endete nicht auf dem Abstellgleis, wie der vorläufige Schlusspunkt zeigt, der viel später unter die aufregenden Ulmer Nahverkehrsdebatten gesetzt werden sollte: Am 21. März 2009 nahm die nach Böfingen verlängerte Linie 1 den Betrieb auf. Die Straßenbahn verkehrt in Ulm nun zwischen den Endhaltestellen Böfingen und Söflingen. Zur Ironie dieser Geschichte gehört, dass es so weit nur kommen konnte, weil in Udo Botzenhart ausgerechnet ein Straßenbahngegner von einst durch sein entschlossenes Handeln nach dem Bürgerentscheid Neue Straße für die elementare Weichenstellung gesorgt hatte.

Unbefangene Betrachter sehen in Udo Botzenhart zuallererst einen höflichen und freundlichen Mann. Wesensarten, die gern auch Menschen zugebilligt werden, die man für herzlich inkompetent hält. Udo Botzenhart ist die eher seltene Symbiose des freundlichen Herrn, der ungemein machtbewusst ist und genau weiß, was er will, wohin er will und wie er dahin kommt.

Der Mann wirkt und bewirkt. Dieser Einfluss ist abzulesen an wichtigen Gebäuden und Institutionen, die seit 1956 entstanden sind, das wichtigste: die Universität; an der Stadtentwicklung, wie der wegweisenden Ansiedlung von Industrie im Donautal während der Ära des Oberbürgermeisters Hans Lorenser; an der prosperierenden TSG Söflingen, dem zweitgrößten Ulmer Sportverein; an der Jungen Bläserphilharmonie Ulm, einem der besten deutschen Jugendblasorchester.

Udo Botzenhart hat darüber hinaus gewirkt auf die politische Kultur, die in fast allen zukunftsweisenden Ulmer Weichenstellungen nach dem Krieg geprägt war durch die Fähigkeit, sich zusammenzuraufen und sich über Parteigrenzen und Ideologien hinweg zu arrangieren. So besteht eines der Vermächtnisse Udo Botzenharts darin, dass widerstreitende Interessen in einem Gemeinwesen immer kompromissfähig bleiben müssen und Fronten sich nie so verhärten dürfen, dass die Stadt zum Stillstand kommt. Denn auch das ist eine Überzeugung des Bewirkers Udo Botzenhart: Jeder Stillstand bedeutet in der Konsequenz Rückschritt. Deswegen suchte Udo Botzenhart den Ausweg, auch wenn der Karren noch so verfahren schien. Meistens fand er die Lösung, indem es ihm gelang, Kräfte zu bündeln, Gegner zusammenzuführen, oder mit der Moral des Gemeinwohls zu überzeugen.

Woher rührt ein solcher Charakter? Was hat zu diesen Prägungen geführt? Etwa der Sport?
Der junge Sportsmann Udo Botzenhart war ein Fechter. Unter Fechtern ist vom schweren Säbel die Rede und vom eleganten Florett. Udo Botzenhart war auf der Planche als Säbelfechter erfolgreich. Auch auf dem politischen Parkett setzte er statt auf die Eleganz der rhetorischen Leichtigkeit lieber auf schlichten Klartext, den jeder versteht und den Udo Botzenhart schon auch mal mit der Schwere eines Holzhammers fallen ließ, wenn es denn sein musste. *„Des send Tatsacha!"*

Diese Art der Auseinandersetzung wurde ihm manchmal als Rauflust ausgelegt, was bedingt stimmt. Wer die Fehden betrachtet, die eine derart bestimmte Haltung in sich birgt, stellt fest: Entweder litt er darunter, wenn sich Konflikte partout nicht lösen lassen wollten, oder aber sie endeten – wie meistens eben doch – versöhnlich und in Versuchen neuer Gemeinsamkeit.

Nach solchen Gefechten, oft hart geführt im Ton, war Udo Botzenhart immer imstande, mit dem Gegner einen zu heben. In jungen Jahren vorzugsweise ein Fläschle Bier, später dann ein Viertele seines geliebten Gutedel aus dem Badischen. Noch heute geraten Kontrahenten von einst wie beispielsweise Eberhard Lorenz, der als SPD-Fraktionsvorsitzender oft genug ein schwer verdaulicher Brocken für Udo Botzenhart war, ins Schwärmen, wenn sie sich an die Duelle erinnern, etwa um das Tiefgaragenkonzept.

Diese Art der Auseinandersetzung, dieser Ulmer Stil, wirkt bis heute, so wie Udo Botzenhart wirkt. Das sind Tatsachen.

Epilog: Einer von uns

Udo Botzenhart ist eine gesellige Natur. Er hat die Bedürfnisse eines jeden normalen Menschen nach Freundschaft und Harmonie. Und nach Anerkennung. Udo Botzenharts Außergewöhnlichkeit besteht in seiner Gewöhnlichkeit. Er ist ein ganz normaler Mensch geblieben, hohe Sockel sind ihm fremd, weswegen er auch nie von einem gestoßen werden konnte. Udo Botzenhart grüßt nicht vom hohen Ross, er geht spazieren und bleibt damit auf Augenhöhe mit den Menschen, ist ihnen zugewandt und zieht vor ihnen den Hut. Er ist einer von uns, ein Jedermann, erreichbar für jedermann. Einer, der nichts verkompliziert, der lieber mit kleinen Wörtern Großes beschreibt, als dass er der Neigung vieler Politiker oder Repräsentanten des öffentlichen Lebens folgen würde, mit großen Worten Kleinigkeiten groß zu reden.

Über ihm selber liegt kein Glanz, dafür strahlt Udo Botzenharts Lebensleistung hell. Sie besteht aus zwei Merkmalen: Erstens hat er unbestreitbar große Errungenschaften für die Allgemeinheit vollbracht, sich Meriten verdient, die messbar sind im öffentlichen Leben und ablesbar im Ulmer Stadtbild. Leiten lässt er sich in seinem Wirken bis heute von der Überzeugung, dass der Wert einer Stadtgesellschaft hauptsächlich in ihrer Solidarität besteht, darin also, dass Stark Schwach trägt und Reich beiträgt, Armut erträglich zu halten. Wenn Udo Botzenhart auf Informationsfahrten des Gemeinderats in einer Großstadt bettelnde Hände entgegen gereckt wurden, dann ließ er es mit fünf Mark nicht bewendet sein.

Eine kleine Begebenheit, die in Zürich spielt, gewährt Einblick in die Seele dieses Mannes. Zu Zürich hat er eine besondere Beziehung, war doch die Knabenmusik Zürich Vorbild zur Gründung der Ulmer Knabenmusik gewesen. Dort also spaziert Udo Botzenhart eines schönen Tages mit Schweizer Freunden durch den „Dutti"-Park, wie die Züricher ihre schönste Grünanlage nennen. Sie trägt den Namen Gottlieb Duttweilers, des Migros-Gründers, der der Stadt diesen Park vermacht hat. Mitten hinein ins Palaver der Spaziergänger fällt ein tiefer Seufzer, der – alle Begleiter spüren dies – aus der Urtiefe des Herzens von Udo Botzenhart kommt: *„Mein Gott, wie großartig, wenn ein Unternehmer der Allgemeinheit so was hinterlassen kann."*

An dieser Stelle eine Bemerkung über den Unternehmer Udo Botzenhart, der die alten Kaufmannstugenden pflegte. Sein Handeln suchte er in Einklang zu bringen mit seinem Gewissen und richtete es aus an den Anforderungen der Gesellschaft, sein Gewinnstreben orientierte sich am rechten Maß. Udo Botzenhart war in den 1970er Jahren einer der ersten Ulmer Mittelständler, die ihren Mitarbeitern eine am Unternehmensgewinn orientierte Ertragsbeteiligung gewährten.

In seinem Tun – und damit wären wir beim zweiten Merkmal seiner Lebensleistung – hat Udo Botzenhart sich nicht entfernt von den Menschen, weswegen die Eitelkeit nie die Oberhand über die Bodenständigkeit erlangte. Udo Botzenhart hat Schach- und Winkelzüge vollzogen, die manchmal schwer nachvollziehbar waren. Er hat aber nie die Anständigkeit verloren. Sein ganzes politisches Leben lang hat er es seiner Familie, seinen Freunden und nicht zuletzt sich erspart, abzuheben oder überheblich zu sein. Elitäres ist ihm eher suspekt, was ihn nicht hindert, politische Visionen zu entwickeln. Er pflegt Freundschaften und mag den kameradschaftlichen Umgang. Udo Botzenhart lässt einen nicht im Stich und eine Sache nicht so schnell fallen. Sein Naturell neigt nicht zum Skeptizismus, er strahlt eine urfröhliche Unruhe aus und ist ansteckend motivierend. Er ist nicht jedermanns Liebling, aber er mag es, wenn die Leute ihn mögen. Er ist sogar darauf aus. Anders als bei vielen Politikern ist die Rachsucht bei ihm nicht ausgeprägt. Udo Botzenhart kann verzeihen. Sogar verlieren – nur nicht beim Skat, wo er, ganz Schlitzohr, am Stammtisch aber eh meistens gewinnt; sogar den Grand ohne vier. Und wenn er ihn ausnahmsweise verliert, dann wird er das, was er selten ist: kreuznarret.

Es ist keine öffentliche Situation bekannt geworden, in der Udo Botzenhart dabei ertappt worden wäre, dass er sich für etwas zu schade war. Das wahrhaft Interessante an Udo Botzenhart ist, dass er so unspektakulär ist. Eben einer mitten unter uns. Und was könnte seinen ausgeprägten Sinn für Gerechtigkeit und Rechtschaffenheit besser ausdrücken, als eine Absage, die er erteilte, als er für dieses Buch seine wichtigsten Weggefährten nennen sollte? *„Das lassen wir, denn es wäre ganz schlecht, einen zu vergessen."*

Einer soll dann zu guter Letzt doch genannt sein, weil die Episode dazu so hübsch ist, dass Udo Botzenhart sie schon bei mancher Gelegenheit zum Besten gegeben hat. Sie ereignete sich während eines Ausfluges der Ulmer Knabenmusik. Ein Bub, wie sich herausstellen sollte der erste Flötist, saß während der Vesperpause ein wenig abseits auf einem Stein und biss mit einem solch herzhaften Genuss von seinem Schnitzelbrot herunter, dass dieser Appetit die Aufmerksamkeit des Vorsitzenden Udo Botzenhart und seiner Frau Pia erzeugte. *„Na Bua, schmeckt dr' Mamma ihra Veschper?"* Postwendend: *„Wellat Se au beißa?"*

Diese spontane Antwort war Ausgangspunkt für eine dauerhafte Freundschaft, die gleichsam belegt, wie Udo Botzenhart es vermag, die Menschen für sich und eine Sache zu gewinnen. Der Bub war Michael Bösl, den der Vorsitzende Botzenhart unmittelbar nach dessen aktiver Zeit als Musiker für die Arbeit im Vereinsausschuss gewann. Seit vielen Jahren ist Michael Bösl nun der zweite Vorsitzende der heutigen Jungen Bläserphilharmonie Ulm.

Michael Bösl wird 2011 beim Jubiläum zum 50-jährigen Bestehen der einzige Aktive sein, der seit dem ersten Tag dabei ist. Außer dem UKM-Gründer Udo Botzenhart natürlich.

Die Leute sagen von Udo Botzenhart: „Ein freundlicher Mann, der immer den Hut lupft und grüßt." Stimmt!